KLAUS-PETER HERTZSCH

# Chancen des Alters

Sieben Thesen

RADIUS

*Professor Dr. Klaus-Peter Hertzsch*, 1930 in Jena geboren, aufgewachsen in Eisenach, studierte Theologie in Jena. 1957 bis 1959 Konviktinspektor in Jena und Gemeindepfarrer, 1959 bis 1966 Studentenpfarrer, danach Leiter der Geschäftsstelle der Evangelischen Studentengemeinden der DDR in Berlin. 1967 Dr. der Theologie. Seit 1968 bis zu seiner Emeritierung 1995 Professor für Praktische Theologie. Seit 1977 Mitglied der Synode des Bundes der Ev. Kirchen in der DDR und der Thüringer Landessynode.

Im Radius-Verlag
liegt von Klaus-Peter Hertzsch seine Autobiographie vor:
*Sag meinen Kindern, daß sie weiterziehn. Erinnerungen*
Außerdem gibt es einen Ergänzungsband mit dem Titel
*Laß uns vorwärts in die Weite sehn. Texte zu meiner Biographie*
sowie seine Biblischen Balladen zum Vorlesen
*Der ganze Fisch war voll Gesang*

ISBN 978-3-87173-109-9
Copyright © 2008 by RADIUS-Verlag GmbH Stuttgart
Alle Rechte der Verbreitung, auch durch Film, Funk, Fernsehen,
fotomechanische Wiedergabe, Tonträger jeder Art,
auszugsweisen Nachdruck oder Einspeicherung
und Rückgewinnung in Datenverarbeitungsanlagen aller Art
sind vorbehalten.
Umschlag: André Baumeister
Gesamtherstellung: Clausen & Bosse, Leck
Printed in Germany

These

# 1

*Niemand weiß,*
*was Altsein wirklich bedeutet,*
*ehe er selber alt ist*

Ich sehe sie noch vor mir: eine erfahrene alte Ärztin, die mir diesen Satz sagte. Sie war mit ihrem Trabant, also einem DDR-Kleinwagen, in den schmalen Straßen an Jenas Berghängen unterwegs, um Hausbesuche zu machen bei Grippekranken und bei ständig bettlägerigen alten Patienten, die in ihre Sprechstunde nicht mehr kommen konnten. In Jahrzehnten ärztlicher Praxis in Kriegs- und Nachkriegszeiten hatte sie Lebenserfahrung und Menschenkenntnis gewonnen, als Mutter und Großmutter Verantwortung getragen und noch mit 90 Jahren bei einer Tagung der IPPNW (International Physicians for the Prevention of Nuclear War / Internationale Ärzte gegen für die Verhütung des Atomkrieges) eindrucksvoll zur jüngeren Generation gesprochen. Besonders alte Menschen hatten großes Vertrauen zu ihrer diagnostischen Sicherheit und ihrer medizinischen Erfahrung.

Aber mit ihrem eigenen Alter wurde sie schwer fertig. Darum ist ihr Satz mir deutlich in Erinnerung geblieben. Sie, auf deren Rat und Beistand andere angewiesen waren, sah sich nun plötzlich angewiesen auf deren Hilfe. Sie, auf deren Kommen viele Hilfsbedürftige gewartet hatten, mußte nun selber auf das Kommen von Hilfsbereiten warten. Sie, die ein Leben lang Entscheidungen für andere getroffen hatte, mußte nun erleben, daß andere Entscheidungen für sie trafen. All das hatte sie nie gelernt. Jetzt im eigenen Alter mußte sie in eine neue harte Lebensschule gehen. »Erst im Alter und an der Grenze«, sagte sie, »lernt man, was das heißt, selber alt zu sein.«

Dies ist eine Erfahrung, die jede, die jeder von uns mehr oder weniger selber machen muß. Ich auch. Nach Jahren im Pfarramt habe ich ein Vierteljahrhundert an der Jenaer theologischen Fakultät künftige Pfarrerinnen und Pfarrer für ihren Beruf ausgebildet und bald erkannt, daß zu dieser Ausbildung eine Vorlesung gehören muß, die die jungen Leute auf die Begegnung mit Menschen in den verschiedenen Altersstufen vorbereitet: mit Kindern, mit Jugendlichen, Menschen der mittleren Generation und Alten – und mit denen in besonderer Weise, denn die Gemeinden bestehen zu erheblichen Teilen aus ihnen. Ich stieß für diesen Teil meiner Vorlesung auf eine breite Literatur; denn schon die deutlich wachsende Lebenserwartung im ausgehenden 20. Jahrhundert und eine zunehmende Kenntnis von Problemen und Möglichkeiten dieser letzten Lebensphase forderten Wissenschaft und Praxis kräftig heraus. Soziologen und Mediziner, Psychologen und Theologen meldeten sich zu Wort, und mit Gerontologie und Geriatrie bildeten sich neue Spezialwissenschaften. Ich fand das damals sehr interessant und für unsere Gemeindearbeit überaus nützlich, und vor meinem inneren Auge entstand das ziemlich theoretische Bild eines bewußt gestalteten, gern gelebten Alters. Mir war, indem ich mir all das angelesen habe, nicht deutlich, welches Gewicht dabei die simple Wahrheit besitzt, daß jeder von uns, der das Erwachsenenalter erreicht hat, selber eine wie immer geartete eigene Kindheit erlebt hat und also kennt, eine Jugend mit all ihren Besonderheiten, einen Übergang zur Frau oder zum Mann, niemand aber das Alter. Das sieht man zunächst nur bei anderen, nur von außen.

Inzwischen habe ich meinen 77. Geburtstag hinter mir und weiß jetzt annähernd, was es heißt, alt zu sein. Genau genommen: Ich weiß, was es für mich heißt. Ich lerne mein eigenes Altsein kennen, und davon will ich dies und das in diesem kleinen Buch berichten, fast möchte ich sagen: erzählen. Solch subjektiver Bericht hat den Vorteil, daß er authentisch ist, nicht das allgemein Gültige berichtet, sondern das persönlich Erlebte, Lebensechte. Er hat den Nachteil, daß er immer nur die halbe Wahrheit schildern kann; denn der hier berichtet, kennt nur diese wirklich. Aber das Leben der Menschen ist vielgestaltig, vielgesichtig, und jeder Mensch lebt sein eigenes.

So braucht die halbe Wahrheit des subjektiven Berichts die Ergänzung durch das, was die Lesenden aus eigenem Erleben hinzufügen, an Gemeinsamkeit bestätigen, aber auch als energischen Widerspruch anmelden.

So gibt es sicher Menschen, die andere Erfahrungen gemacht haben als jene Ärztin und solch einen Widerspruch gegen meine erste These einlegen werden, und auch ihnen muß ich rechtgeben. Was die bewährte alte Ärztin nicht im Blick hatte: Sie war zwar immer aufs Neue mit alten Menschen zusammen, hörte ihre Klagen, versuchte, ihnen zu helfen; aber das waren immer nur kurze Visiten, waren oft nur Momentaufnahmen einer Lebenslage. Ganz anders ist es, wenn eine Frau ihre alt gewordene Mutter in ihr Alter begleitet, ihr das Bleiben in der eigenen Wohnung ermöglicht, indem sie Tag und Nacht mit ihr zusammenwohnt und an ihrer Seite ist. Zunächst genügt es vielleicht, wenn die Jüngere regelmäßig nach der Alten sieht und ihr Verrichtungen abnimmt, die über die gebliebenen Möglichkeiten und die reduzierten Kräfte der Mutter gehen. Aber es kommen Zeiten, in denen die alte Frau die Anwesenheit der Tochter ohne Unterbrechung braucht, die ständige Bereitschaft, ihren Ruf zu hören, nach ihr zu sehen, an ihrem Bett Tag- und Nachtwache zu halten. Und dies kann Jahre des eigenen Lebens in Anspruch nehmen und sich beim Vater oder dem älteren Ehemann wiederholen. Wer, von der Umwelt kaum beachtet, solch ein Opfer an eigener Unabhängigkeit bringt, solch ein Zeichen der Hilfsbereitschaft setzt und mir versichert, diese Jahre seien nicht nur Opfer gewesen, sondern auch eine erfüllte Zeit, der kann mit Recht sagen: Ich weiß, was alt sein heißt, ehe ich selber alt bin. Ich habe solche Menschen kennengelernt und denke an sie mit großer Achtung und stellvertretender Dankbarkeit. Nur selber habe ich mit solchem Zusammenleben bisher keine persönlichen Erfahrungen. Die es erlebt haben oder jetzt gerade erleben, könnten darüber ihr eigenes Buch schreiben, das wichtig genug wäre. Ich aber kann nur von meinem Erfahrungsbereich berichten und will das im folgenden tun.

Ich lade ein zum Gespräch über die Chancen unseres Alters.

Denen, die noch nicht alt sind, aber wissen, daß sie auf das Alter zugehen, will ich Mut machen und zeigen: Man kann sich in dem für sie noch unbekannten Land durchaus einrichten, es bewußt gestalten und in Grenzen liebgewinnen. Denen aber, die schon in diesem neuen Land zu Hause sind, will ich Gemeinsames ins Bewußtsein heben, aber auch einladen zum Blick auf ihr ganz Eigenes. Und so wollen wir miteinander versuchen, die Chancen unseres Alters zu entdecken.

Aus all dem ergibt sich eine eigene Form meiner Darstellung: Ich will nicht in einem großen Zusammenhang informieren und argumentieren wie in einer wissenschaftlichen Arbeit, sondern ich will verschiedene Beobachtungen und Erfahrungen aneinanderreihen, wie man das im Gespräch oder in einer Erzählrunde macht. Sieben Thesen, von denen die erste am Anfang dieses Kapitels steht, sollen verschiedene Themen ansprechen, die mir wichtig scheinen. Und weil mit all dem meine Lebensgeschichte und das Fluidum unserer Tage angesprochen wird, will ich dies und die folgenden Kapitel jeweils mit einem kleinen eigenen poetischen Text abschließen. Ich habe immer darauf hingewiesen, daß ich kein Dichter bin, daß ich aber immer einmal Gebrauchstexte geschrieben habe, wenn sie bei mir oder bei anderen für die Gemeindearbeit gebraucht wurden oder wenn sie gebraucht wurden als ein sehr persönlicher Gruß für Menschen, die mir wichtig waren auf meinem Weg durch die Zeit und schließlich ins Alter. Soweit mein Plan. Und nun zur Sache.

Vorher aber zur ersten These die ersten Gedanken im Gedicht.

*Niemand weiß, was Altsein wirklich bedeutet,*
*ehe er selber alt ist.*

Was die alte Ärztin hier sagt, ruft eine Erinnerung aus Zeiten meiner Jugend in mir wach. War die Grenzerfahrung, die ich damals machte, schon eine Ahnung von dem, was einmal mein Leben im Alter sein würde?

Ich war erst zwanzig Jahre alt, aber ich hatte in den harten Jahren nach dem Zweiten Weltkrieg eine Lungentuberkulose, hatte nach einem ersten Jahr mein Studium abbrechen müssen, fand mich nach Wochen der Ungewißheit und des dramatischen Abstiegs in eine gefürchtete Krankheit in einer Lungenheilstätte wieder, war nur noch krank, nur noch Patient. Meine Welt hatte sich plötzlich auf engen Raum zusammengezogen: ein ganz flaches Bett, einen Nachttisch mit kleiner Tischlampe, die am Abend nur einen matten Lichtkreis bot, einen Rollwagen, der zu den Mahlzeiten oder den Behandlungen an mein Bett geschoben wurde. Aus der weit weggerückten Umwelt traten Menschen an mein Bett: Schwestern, Ärzte, Besucher, auch Traumgestalten. Bange war mir schon, aber panische Angst hatte ich nicht. Was ich intensiv erlebte, war die vorbeigleitende Zeit. Ich lag da, und die Zeit glitt an mir vorüber. Ich sah auf keine Uhr, und mir schlug keine Stunde. Die Zeit wanderte still und ohne Unterlaß. Aber dann mitten in einer Septembernacht weckte mich mein eigener atemraubender Husten: die Bettdecke war dunkelrot vom herausstürzenden Blut. Auf mein Klingeln kam die Nachtschwester, schaltete die helle Deckenlampe ein. Der diensthabende Arzt kam, hatte die Spritze schon vorbereitet. Als ihre Wirkung begann, sagte er: »Versuchen Sie jetzt zu schlafen. Morgen sehen wir weiter.« Die Lampe wurde gelöscht. Mein Mitpatient, ein katholischer Geologie-Student sagte in die Dunkelheit: »Beten Sie jetzt!« Und ich lag da und horchte auf die wandernde Zeit. Wo wandert sie mit mir hin? Wird sie jetzt stehenbleiben? Mit mir durch ein dunkles Tor gehen? Sieht so also die letzte Wegstrecke aus? Der Abschied? Das unbekannte Land?

Ich weiß heute nicht, wie bedrohlich mein Zustand damals wirklich war. Jedenfalls blieb diese Nachtstunde mir tief im Gedächtnis als ein Vorblick auf Künftiges, ein Seitenblick auf das Ganze des Lebens. Ich bin noch viele Monate in dieser Klinik geblieben, habe den Oktobersturm vor dem Fenster fauchen gehört, zur Jahreswende in weiter Ferne die Böller dröhnen, habe die ersten Strahlen der Frühlingssonne begrüßt. Besonders intensiv aber habe ich in jenem Jahr die Adventszeit erlebt. Die Jahre lagen ja nicht so weit zurück, in denen ich noch mit meinen Brüdern und unsern Eltern die Türen des Adventskalenders geöffnet hatte, mit ihnen am Abend bei der Kerze gesungen hatte »Wie soll ich dich empfangen?«, das Transparent betrachtet hatte, das wie alle Jahre über die Deckenlampe aufgezogen war mit Josef und Maria, den Hirten und den schönen Gestalten der drei Könige. Nun also lag ich in der Adventszeit in der Klinik. Advent habe ich gedacht, Ankunft habe ich gedacht, und jenseits der Grenze die still wandernde Zeit. Manchmal habe ich mir damals auf dem kleinen Nachttisch ein paar Verse aufgeschrieben. Vielleicht, dachte ich, kann ich sie später einmal anderen vorlesen oder jemandem unter den Christbaum legen.

Es zieht die Zeit in drei Gestalten,
sie zieht in stiller Majestät.
Das Gestern geht.
Das Heute geht.
Das Morgen geht,
und sind nicht aufzuhalten.

Sie sind uns nah und ewig ferne:
drei Könige, ernst und abgewandt,
aus Gestern-Land,
aus Heute-Land,
aus Morgen-Land
ziehn hin zu Bethlehems Sterne.

These

# 2

*Verluste*

*Alte und Junge leben gleichzeitig*
*in verschiedenen Zeiten*

Beginnen wollen wir damit, daß wir über die Verluste des Alters reden. Sie sind gleichsam die Kehrseite der Chancen. Ich denke nach über das, was gewesen ist und hinter uns liegt, um dann Ausschau zu halten nach dem, was an seine Stelle getreten ist, das Neue, noch Unbekannte, das Alter. Wie ist die Ausgangslage, mit der wir rechnen?

Alt-Werden heißt zuerst: Abschied nehmen. Wir nehmen Abschied, Abschied für immer, von Menschen, mit denen wir zusammen gelebt haben und mit deren Dasein in unserer Welt wir rechnen durften: Zuerst von der älteren Generation, von den Großeltern, später dann von Mutter und Vater, von Nachbarn und Lehrern. Zunehmend aber sind es dann auch Menschen unserer eigenen Generation: der große Bruder, mit dem ich die Kindheit erlebt habe und mit dem mich ungezählte Erinnerungen verbinden, Mitschüler aus oberen Klassen, dann aber auch der erste aus der eigenen. Prominente, über deren Tod die Zeitung berichtet, Zufallsbekanntschaften, auf deren Todesanzeige ich im Lokalteil stoße, Kollegen, zu deren Trauerfeier wir eingeladen werden. Und nun mein Freund aus gemeinsamer Kindheit und bis jetzt immer erneuerter Verbundenheit; gegenseitig besucht haben wir uns, Briefe gewechselt und Pläne geschmiedet – er fehlt mir sehr. Je älter ein Mensch wird, desto öfter hat er Abschied genommen und desto mehr steht er jetzt allein für eine Generation und ihre eigene Welt.

Abschied aber nehmen wir nicht nur von anderen Menschen, Zeitgenossen, Freunden, Abschied nehmen wir, indem wir alt werden, auch von uns selber.

19

Ich nehme Abschied von einem, der ich einmal war, und mache mich vertraut mit einem, der ich jetzt bin. Ich nehme Abschied von dem Aussehen, das mich einmal prägte und unter dem meine Mitmenschen mich kannten, und gewöhne nun sie und mich an ein verändertes Gesicht. Ich nehme Abschied von Fähigkeiten und Kräften, die mir bisher selbstverständlich zur Verfügung standen, und lerne leben mit den verringerten, die mir geblieben sind. Jeden Morgen begrüßt mich jetzt eine inzwischen alte Bekannte: die abgrundtiefe Müdigkeit am Morgen, wenn es ans Aufstehen geht. Und dann geht es auf dem täglichen Hürdenlauf über die nötigen Verrichtungen, die bewältigt werden wollen, bevor man endlich am Frühstückstisch sitzt. Jemand hat mir mal gesagt: Schach mit wenigen Figuren. Auch von Plänen und Vorhaben nehme ich Abschied. Dahin kommst du nun nicht mehr, sage ich mir.

Zunächst ist »Alter« natürlich ein relativer Begriff. Ein dreißigjähriger Leistungssportler ist alt, ein sechzigjähriger Papst ist jung. Trotzdem aber trifft leider die oft gehörte Redensart nicht zu: jeder ist so alt, wie er sich fühlt. Sicher erinnern sich viele daran, wie es ihnen beim vierzigjährigen Abituriententreffen ging, wie sie sich insgeheim fragten: Was willst du unter all diesen alten Männern und grauhaarigen Frauen? Aber du weißt gleichzeitig: Das denken diese anderen, wenn sie dich sehen, auch. Nein, in der Regel gibt es im Fluß unsrer Tage ein unüberhörbares Signal, das uns sagt, was die Stunde geschlagen hat, der Augenblick etwa an einem Vormittag im Museum, an dem die Kartenverkäuferin zum ersten

Mal fragt: »Sind Sie Rentner?« Ich weiß noch genau, wann und wo mir das widerfahren ist. Und es war für mich besonders unerwartet, ja fast bestürzend, weil ich noch wenige Jahre vorher gefragt wurde: »Sind Sie Student?« Plötzlich gerate ich für meine Mitmenschen in eine andere Kategorie Mensch. Und langsam und nicht selten auch schmerzhaft gewöhnt dieser Mensch sich daran, daß die Mutter auf der Straße zu ihrem Kind sagt: »Laß doch mal den Opa vorbei!« Eine Zeitlang sieht er sich noch um, wo denn da ein Opa ist, nach einer Weile aber nicht mehr.

Dabei läuft der alt Gewordene heute Gefahr, daß sein Selbstwertgefühl damit empfindlich gekränkt wird. Denn wir leben in einer Zeit, in der die unverbrauchte Leistungsfähigkeit eines Menschen weitgehend über seine Wertschätzung entscheidet, und hier erlebt der Mensch einen Einbruch. Man muß nicht gleich an eine Formulierung wie »Rentnerüberhang« oder gar »Grufti« denken. Schon die merkwürdig familiäre Bezeichnung, wenn die Krankenschwester nicht mehr von Herrn Krause redet, sondern vom Opa auf Station 3, rückt ihn wieder näher an die Kinder heran, die noch mit Du und ihrem Vornamen angeredet werden. Im kirchlichen Bereich habe ich die Gemeindehelferin erlebt, die von den »lieben Altchen« redete, und neulich habe ich gehört, wie jemand in Parallele zu den »Teenies« von den »Oldies« redete. In den sachlich respektvollen Ton beim Umgang mit Erwachsenen mischt sich ein Ton von Fürsorglichkeit und Bedürftigkeit ein. Die Formulierung, daß einer »alt aussieht«, ist inzwischen zum Synonym für die Vermutung geworden, er habe keine Chance mehr.

Ganz neu ist ein solcher Blick auf das Alter offenbar nicht. Das deutsche Märchen erzählt von Fuchs und Wolf. Dieser Wolf hatte noch mit keinem Menschen Erfahrungen gemacht und war überzeugt, mit dem könne er es allemal aufnehmen. Der Fuchs bezweifelt das. Es kommt auf die Probe an. Versteckt im Gebüsch am Straßenrand sehen sie ein Schulkind vorbeilaufen. »Ist das ein Mensch?« fragt der Wolf. »Nein«, sagt der Fuchs, »der will mal einer werden.« Dann müht sich ein alter Mann vorbei, auf den Stock gestützt. »Ist das ein Mensch?« »Nein, der ist mal einer gewesen.« Schließlich erscheint der Jäger auf der Straße. »Ist das ein Mensch?« »Ja«, sagt der Fuchs, »das ist ein Mensch. Mit dem nimm's mal auf!« Der alte Mann ist heute also einer, der einmal ein Mensch gewesen ist.

Dabei bewahrt unsere Sprache noch die Erinnerung an eine Zeit auf, in der die Betagtesten für die Kompetentesten und darum für die Leitungsfähigsten gehalten wurden: Sie galten als die Lebenserfahrensten und wurden darum zu Kirchenältesten, zum regierenden Dorfältesten, zu gewählten Mitgliedern des Ältestenrats. Der Greis heißt auf Lateinisch: Senex. Der Erste Senat des Bundesverfassungsgerichts, der »Senat« und die Herren Senatoren der Freien und Hansestadt Hamburg, die »Senatoren«, haben daher ihre Bezeichnung. Und so kann es der Image-Pflege dienen, wenn man nicht gern vom Altersheim redet, das für viele noch einen Hauch des mittelalterlichen Kranken- und Armenhauses behalten hat, sondern von der Senioren-Residenz. Aber vielleicht müssen gerade deren Bewohner gegen ihr Gefühl von sozialem Abstieg kämpfen.

Das entscheidend Neue, das hier in den Blick kommt, besteht darin, daß die Alten und Erfahrenen tatsächlich nicht mehr die Kompetenten sind. Damit meine ich nicht nur: ein bißchen von gestern zu sein – früher sagte man: nicht up to date. Vieles, was andere wissen, weiß ich nicht mehr. Eine Menge von Präsenswissen habe ich schlichtweg vergessen. Mir ist klar: Ich wäre heute außerstande, ein Abitur noch einmal zu bestehen. Ja, ich, ein Ordentlicher Professor der Theologie, würde in einem theologischen Examen höchstwahrscheinlich an fehlendem Fakten- und Einzelwissen scheitern. Aber das ist weiter nicht schlimm; denn außer in unruhigen Träumen werde ich in diese Verlegenheit kaum jemals kommen. Ich kann auch nicht sagen, daß ich es als großes Problem empfinde, wenn ich mich an einem Gespräch jüngerer Leute kaum beteiligen kann, weil Namen von Pop-Stars und Biathlon-Kämpferinnen mir nicht geläufig sind. Als ich zur Schule ging, wußte natürlich jeder Bescheid, wenn von Schauspielern wie Hans Moser oder von Adele Sandrock die Rede war; man konnte mitreden. Das galt auch und ganz besonders von den Büchern bestimmter Autoren. Keiner konnte sich am Gespräch auf dem Schulhof beteiligen, der nicht wußte, wer Kara Ben Nemsi, was der Henrystutzen und was der Silbersee war; hohes Ansehen genoß man, wenn man von den nahezu 60 Karl-May-Bänden dreißig oder gar fünfzig wirklich gelesen hatte. Ich vermute, der singuläre Welterfolg von Harry Potter verdankt sich heute einem ähnlichen Effekt. Niemand kann unter Gleichaltrigen mitreden, der nicht weiß, wer Dr. Dubbledore und was ein Muggel ist. Verklungen sind die Namen der Sportler, die in meiner Schulzeit jedem geläufig waren: Der Schwergewichts-Boxer Max Schmeling oder der – wie man damals noch sagte – »Rennfahrer« Caracciola. Heute muß man Namen wie Hamilton oder Ballack kennen. Immerhin gehörte ich schon zu einer Generation, für die solche Sportler bereits bekannte Größen und Leitbilder waren. Das galt für die Erwachsenen von damals erst in bestimmten Schichten der Bevölkerung, in anderen noch gar nicht. Meine Großmutter, eine Pianistin, die in Berlin-Dahlem ihr Haus führte, war mit ihrem Mann zu einer Abendeinladung gewesen, zu der einige bekannte Wissenschaftler, Schriftsteller und Musiker ebenfalls geladen waren: Ziemlich ratlos berichtete sie, es sei auch ein »Mädelchen« dabei gewesen, und sie wisse nicht, warum man sie dazugebeten hatte. Sie war wohl eine Olympiasiegerin im Sprint oder im Hochsprung. Jedenfalls sagte die Großmutter: »Sie konnte wohl irgendwie sehr schnell rennen oder besonders hoch hüpfen.« Verklungene Zeiten!

Nein, solche Gegenwartsprägungen hat es sicher immer schon gegeben. Das Neue ist dagegen die ungeheure Geschwindigkeit, mit der Technik und Wissenschaft sich heute verändern, mit der sie Neues entdecken, entwickeln, anwenden. In der bäuerlichen oder der Handwerkerfamilie vergangener Jahrhunderte konnte der Vater dem Sohn tatsächlich noch die Grundlagen des Berufs weitergeben, das

Grundwissen über Erprobtes und Bewährtes. Heute ist nur das Wissen über den neuesten Stand anwendbar und also gefragt. Bei Schwierigkeiten mit dem Rechner fragt mich schon lange nicht mehr mein Sohn um Rat, sondern ich frage ihn. Das Wissen, in dem ich ihm überlegen bin, ist ein Wissen von gestern, das auf die Fragen von heute keine Antwort besitzt. Über den Gebrauch von Mobiltelefonen mit all ihren Funktionen können meine kleinen Enkel ihren hilflosen Großvater auf den gegenwärtigen Stand bringen, während der sich bei der aufbewahrten Spielzeugkiste ratlos fragt: Spielen die noch Quartett und Mensch-ärgere-dich-nicht? Und sie kommen gar nicht mehr auf die Idee, wenn von einem Portal die Rede ist, sich den prächtigen Eingang in einen Dom oder ein mittelalterliches Schloß vorzustellen.

Diese rasche Veränderung bringt zugleich einen grundlegenden Wechsel der Lebensmuster mit sich. Für meine Generation war noch ein Lebenslauf die Regel mit Schule, Ausbildung, Arbeit im erlernten Beruf, Heirat, Kinder, Familienleben, Ruhestand. So war das Leben der heute Alten durch ein gewisses Maß von Einförmigkeit und Sicherheit geprägt, von Planbarkeit und Verläßlichkeit, und ich muß mir immer neu klar machen, für die nächste Generation, mit der wir heute zusammenleben, ist dies allenfalls eine denkbare Variante unter all den anderen Formen von Berufs- und Wohnortwechsel, von Wechsel der Partner und des Sozialstatus. Ich bewundere unsere Kinder, wie sie damit zurechtkommen, und bin zugleich froh, daß ich mein Leben so nicht einrichten mußte.

Unübersehbar ist, daß mit all dem auch ein Wechsel der tragenden Werte verbunden ist. Diese neuen Formen des Zusammenlebens gründen sich offenbar viel stärker als frühere im Streben nach individueller Freiheit, im Recht auf Selbstbestimmung als erstem Menschenrecht, frei zu sein von Bindungen und Zwängen, freie Fahrt für freie Bürger und Wahlfreiheit auf allen Ebenen des Lebens. Und die Freiheit ist ein großes Gut. Gerade wir, die wir in der DDR gelebt haben, wissen das; denn wir haben wieder und wieder um sie gekämpft.

Aber als Angehöriger einer anderen Generation empfinde ich zugleich stärker, welcher Preis dafür bezahlt wird; denn wir sind aufgewachsen in einer Zeit, die ein viel größeres Gewicht auf die sozialen Werte, auf Gemeinschaft und Zusammenarbeit legte.

Neulich habe ich einen Jungen getroffen, der hatte in seiner kinderreichen Familie noch das Ideal und Leitbild von gestern kennengelernt und dann in der Schule das von heute. »Zu Hause hieß es immer: Der kann gut singen, dafür kann der gut malen und die gut mit Blumen umgehen. Aber in der Klasse hieß es: Wer ist überall der Erste? Wer hat die härtesten Fäuste, die schnellsten Antworten, die coolsten Klamotten? Zu Hause soll ich die anderen ergänzen, in der Schule soll ich sie alle überholen«, sagte er etwas ratlos. Das künftige Leben bedeutet für ihn einen ständigen Wettbewerb, eine Art Dauer-Ranking: Wer liegt vorn, wer ist noch zu überflügeln? Welches ist die Elite-Universität, wer ist der Spitzenreiter, wer der Sieger? Dies gibt dem modernen Leben und seiner Leistungsfähigkeit eine hohe Schubkraft und Dynamik, ein enormes, ja, ein ständig wachsendes Tempo. Und da die Globalisierung dazu führt und auch darauf angelegt ist, daß wirklich alle die Pflicht und die Chance haben, sich daran zu beteiligen, wird die Zahl derer, die hier mitkämpfen und immer neu zu überholen sind, immer größer und unüberschaubarer.

Ich leugne nicht, daß ich Mühe habe, mich als alter Mann in dieser Welt des großen und oft auch gnadenlosen Wettbewerbs noch zurechtzufinden und heimisch zu fühlen. In meiner Jugend habe ich mir einmal vorgenommen, nicht zum griesgrämigen Alten zu werden, der alles Neue, alles Junge verdächtigt und kritisiert; alte Leute imponierten mir, die, wie man sagte, »mit der Jugend gehen«. Heute merke ich, daß die Ideale meiner Jugend mir treu bleiben, ob ich will oder nicht. Ich kann kaum anders, als diese ständige Beschleunigung des Lebens mit Sorge zu sehen und vor allem mich nach denen zu fragen, die bei diesem Tempo auf der Strecke bleiben, die keinerlei Chance haben, jemals auf dem Treppchen zu stehen, die resigniert aufgeben. Denn die Sieger sind auch die Gewinner, und die Verlierer tragen die Verluste. Ich höre darum auch in meinen alten Tagen nicht auf, nach einer Zeit Ausschau zu halten und Wege zu ihr zu überlegen, in der, wie es bei Brecht heißt, »der Mensch dem Menschen ein Helfer ist«. Und ich bin sicher, daß ich der Welt meiner Kinder damit einen guten Dienst tue.

Denn – um das gegen Ende dieses Kapitels noch zu sagen – so individualistisch und selbstbezogen, wie sie heute oft geschildert werden, sind die Menschen der nächsten Generation auch wieder nicht.

Sie haben offenbar ihre eigenen Formen von Gemeinsamkeit und ihr eigenes Gefühl von Zusammengehörigkeit, die nun wieder mir eher fremd sind. Ich meine damit nicht die Zusammenrottung von jungen Neofaschisten, wo der eher verschüchterte, überall abgehängte Junge die Erfahrung macht, daß er plötzlich Furcht und das Gefühl von Unterlegenheit bei den Straßenpassanten verbreiten kann, wenn er mit acht anderen die Straße versperrt und unsicher macht. Ich denke vielmehr an die Fußballstadien, wo Tausende Gemeinschaft und Zusammengehörigkeit erleben, indem sie gemeinsam fiebern, singen und Siege feiern, ja, wo es sich immer wieder ereignet, daß eine ganze große Stadt, manchmal ein ganzes Land sich jubelnd eine Nacht lang in den Armen liegt, weil elf Männer – und allmählich auch Frauen – gut Fußball gespielt haben. Ich habe auch die Gemeinsamkeit der Kleidung im Auge, die natürlich von der Textilindustrie vorgeschrieben wird, die aber Saison für Saison von nicht nur jungen Leuten schnell akzeptiert wird und zu großer Übereinstimmung führt. Zumindest an einer Stelle ist das wohl eine einmalige Erscheinung: bei den Jeans. Mir fällt keine Kulturperiode ein, in der derart einheitlich die verschiedensten Menschen die gleichen Hosen getragen haben: Erwachsene und Kinder, Mädchen und Jungen, Männer und Frauen, Menschen jeder Altersstufe, Sommer wie Winter – alle die Bluejeans, die Arbeitshosen der Transportarbeiter in den US-Südstaaten. Mögen sie, sagt sich ein alter Mann. Jede Zeit hat eben ihre eigene Tönung für das Erlebnis, zuletzt doch irgendwie zusammenzugehören.

# Gedanken im Gedicht

## Alte und Junge
## leben gleichzeitig in verschiedenen Zeiten

Als meine Mutter 75 Jahre alt wurde, waren die Tage hell von lauter Frühling. Über dem Gartenzaun leuchtete noch immer gelb die Forsythia, und die Wiesen im Saaletal waren übersät von schönen kleinen Blumen. Wunderbar neu stieg wieder das volle Jahr herauf, und mir war mit meiner Frau und unserem kleinen Sohn, mit den Studenten in unserem gemeinsamen Semester und mit den Nachbarn beim Gruß über den Zaun nach lauter Neuanfang zumute und nach Ausblick auf Kommendes. Ich hatte begonnen, Verwandten und guten Freunden manchmal zu runden Geburtstagen ein kleines persönliches Gedicht zu schreiben, und ich dachte jetzt nach über eins für meine Mutter mit Frühlingsjubel wie bei Ludwig Uhland mit Schuberts fast schmerzhaft schönen Klängen: »Nun muß sich alles, alles wenden.« Und dann sah ich die alte Frau vor mir, mit ihren schneeweißen Haaren noch immer eine schöne Frau, lebhaft und zugewandt, aber doch deutlich vom Alter gezeichnet. Fünf Söhne hatte sie in harten Zeiten aufgezogen, ein gastfreies Haus geführt, mit meinem Vater am Teetisch die Romane der Welt gelesen und am Abend die Vesper gesungen. Nun litt sie deutlich darunter, daß all das immer mehr zur Vergangenheit wurde, zu freundlichem Ausklang, sehr langsam, aber unaufhaltsam zum Sonnenuntergang ihres Daseins, ihres Hierseins.

Nein, sagte ich mir: Sie lebt – Gott sei Dank – noch immer unter uns und mit uns zusammen, aber sie lebt doch zugleich in einer anderen Welt und Wirklichkeit. Dieser unser gegenwärtiger Frühling ist zugleich ihr Herbst, und es ist nicht gut, darüber hinwegsingen zu wollen. Mein Gedicht hat dann noch 13 Jahre lang auf ihrem kleinen Schreibsekretär gestanden. Heute erinnere ich mich an diese Verse und bin der weißhaarigen alten Frau wieder ganz nahe.

Frühling kehrt wieder

Hell ist der Wald. Das Land wird wieder jung.
Und schön der Park, Gesträuch und Wiesenhänge.
Wie weckt der Frühling die Erinnerung
an ferne Tage und versunkene Klänge.

Das Land wird jung. Wir aber werden alt.
wir sehn das neue Grün mit leiser Wehmut.
Das Alter prägt uns Antlitz und Gestalt.
Gott geb uns dazu Heiterkeit und Demut.

Das Leben um uns träumt in Wiederkehr.
Doch wir sind wach und gehen nicht im Kreise.
Wir kommen aus geheimem Anfang her
und sind zu gutem Ziele auf der Reise.

Laß uns ein Stück noch miteinander gehn
durch manchen Kreis mit seinen Jahreszeiten.
Und laß uns vorwärts in die Weite sehn,
wo alle Horizonte offenstehn
und sich im Osterlicht die Berge Gottes breiten.

These

# 3

*Zukunft*

*Alt sein heißt:*
*mit kurzer Zukunft umgehen lernen*

Viele erinnern sich daran, wie sehnsüchtig sie sich in ihren Kindertagen gewünscht haben, älter zu sein: nicht mehr so früh ins Bett zu müssen, zu dürfen, was der große Bruder schon durfte. Später der Wunsch, von den Mädchen mit anderen Augen angesehen zu werden, nicht mehr als der Kleine, den keine ernst nahm, sondern als der gleichaltrige Partner, um den die Mädchen sich untereinander beneiden. Und dann der junge Erwachsene zu sein, dem die Eltern keine Vorschriften mehr zu machen hatten, der unabhängig über sich selber verfügen kann. Die Chancen der jeweils nächsten Altersstufe stehen dem jungen Menschen verlockend vor Augen. Dem alten Menschen nicht. Es kann sein, daß er sich vor der nächsten Stufe – für ihn eine Stufe abwärts – fürchtet. Es kann sein, daß er sich vor allem wünscht, auf der gegenwärtigen noch eine gute Weile leben zu dürfen. Es kommt auch vor, daß ein Mensch »alt und lebenssatt«, wie es von den Erzvätern des Alten Testaments hieß, gleichsam bereits in Aufbruchstimmung ist. Aber sich dringlich in die nächste Phase seines Erdenlebens zu wünschen, das ist ihm fremd geworden; denn er hat keine mehr. Wie viel Zeit er noch vor sich hat, weiß er nicht: vielleicht noch viele Jahre, vielleicht nur noch wenige Monate. Jedenfalls aber sagt ihm das Maß des Menschenlebens, es ist eine begrenzte Zukunft. Auch wenn wir alt sind, planen wir durchaus noch in die kommenden Tage, aber wir schöpfen nicht mehr aus dem Vollen, sondern wissen: Es ist ein uns noch zugemessener begrenzter Anteil am »Überfluß der Welt«, und damit ein uns geschenktes Gut. Noch haben wir Zeit.

Aber gilt das bei genauem Hinsehen nicht für jedes Lebensalter? Es ist offenbar eine Chance des Alters, endlich zu erkennen, was uns damit, daß wir noch Zeit haben, in die Hand gegeben ist. Das Kind wünscht sich, endlich ins Land der Erwachsenen zu gelangen, und die Erwachsenen singen: »Ach, wüßt ich doch den Weg zurück, den lieben Weg ins Kinderland.« Die Zeit unseres Lebens ist geschenkte Zeit, geschenkter Reichtum. Wie gehen wir unser Leben lang mit ihm um?

Als Heranwachsender habe ich die Geschichte von einem Bauernburschen gelesen und nie mehr vergessen. Der sitzt am Waldrand auf einem Stein in der Mittagssonne und hält ungeduldig Ausschau nach seinem Mädchen: Wann kommt sie denn endlich. Und nun wispert ihm ein freundlicher Elf ein Kunststück zu: Wenn er den obersten Knopf seiner Jacke nach rechts dreht und den ersehnten Augenblick nennt, dann ist der schon da. Er probiert es aus, und wirklich: sofort steht die Schöne vor ihm und lacht ihm entgegen. Aber schon an diesem Nachmittag wird sein Wunsch dringlich: Wäre doch erst ihr Hochzeitstag. Er dreht am Knopf, und schon sitzen sie an der Hochzeitstafel, und die Gläser klingen. Dann der Wunsch nach dem ersten Kind, und schon liegt es in den Armen der glücklichen Mutter. In der Sommerhitze plagt er sich auf dem Feld und dreht am Knopf: Wenn die Ernte doch erst unter Dach wäre – und schon bläst die Dorfmusik zum Erntefest. Und so wünscht er sich unentwegt weiter: daß der Vater aufs Altenteil geht und ihm endlich den Hof überläßt, daß der Sohn sein Gesellenstück stolz präsentiert, die Tochter mit dem Schwiegersohn Richtfest feiert, der kleine Enkel seine Krankheit endlich hinter sich hat – jedesmal dreht er den Knopf, und ständig feiern sie das Erreichte. Und unversehens sitzt der Bauernbursche als eisgrauer Großvater auf dem Ohrensessel und fragt sich entsetzt: Wo ist mein Leben geblieben? Die Sache geht gut aus: Vorsichtig versucht der Uralte, den Knopf einmal nach links zu drehen und siehe da: er sitzt wieder auf dem Stein am Waldrand, reibt sich die Augen aus, reckt und dehnt sich in den schönen Junitag und wartet seitdem geduldig und gern auf alles Kommende; denn jetzt weiß er: jede Stunde ist Zeit meines Lebens, ist mein Reichtum, mein Dasein.

Seht hier mein Erbteil weit und breit:
Die Zeit ist mein Besitz.
Mein Acker ist die Zeit.    *Goethe*

Die deutsche Sprache hat ein merkwürdiges Wort, ja, ein Wort, das mich erschreckt, sooft ich es höre: Zeitvertreib. Da ist offenbar einer damit beschäftigt, das Wertvollste und Unersetzbare, das er in seinem Leben besitzt, zu vertreiben wie ein lästiges Insekt, wie etwas, das er loswerden will. Es ist genau die Geschichte dieses Bauernjungen am Waldrand: Zeit vertreiben, Leben vertreiben. Und manche drücken dasselbe noch drastischer aus: »die Zeit totschlagen« sagen sie, wie einen Feind, wie ein tückisches Tier, dessen man sich mit aller Kraft entledigen will. Was tun wir da? Und was tun wir uns damit an?

Läuft nicht unser Leben ganz von selber schnell genug vorbei? »Es fähret schnell dahin, als flögen wir davon«, sagt der 90. Psalm, einer der großen Menschheitstexte. Die modernen Schriftausleger sind sich nicht mehr sicher, ob im hebräischen Urtext über uns Menschen wirklich das gesagt wird, was in Martin Luthers Übersetzung heißt: »Du lässest sie dahinfahren wie einen Strom« – im katholischen Text: »Du schwemmst sie davon.« Mir jedenfalls wie vielen Generationen vor uns hat sich dies Bild vom Strom tief eingeprägt, für mich ein sehr ruhiges, den Lauf der Jahrtausende beschreibendes Bild. Da sehe ich den Herrn und Schöpfer der Welt am Ufer von Zeit und Ewigkeit sitzen, und die Menschheitsgenerationen werden eine nach der anderen an ihm vorbeigeschwemmt. Ab und zu erhebt sich einer von ihnen erregt und zappelnd aus den Wellen, droht mit erhobener Faust zu Gottes Ufer hinüber und ruft etwas wie »Bedecke deinen Himmel, Zeus, mit Wolkendunst – dem Knaben gleich, der Disteln köpft…« oder auch »Gott ist tot«; aber ehe der am Ufer Sitzende seiner noch recht ansichtig geworden ist, ist der schon verschwunden in der nächsten Biegung des unaufhaltsam fließenden Stroms der Zeit. Und tausend Jahre sind wie ein Tag.

Es ist gar nicht leicht zu sagen, ob die Zeit im Alter besonders schnell vergeht oder doch eher langsamer. Bei Goethes Schwager Kronos heißt es: »Ab denn, rascher hinab!«, und manchmal denke ich erstaunt: Schon wieder September! Wie die Zeit vergeht und die Enkel wachsen! Aber dann empfindet man auch, wie die Tage sich jetzt mit stiller Gleichmäßigkeit aneinanderreihen ohne Hast, ohne Wirbel und Streß und also anders, also ruhiger als früher: Ruhestand. Tatsächlich gibt es gerade im Alter eine Chance der Langsamkeit. Die Kräfte lassen nach, das aber auf weiten Strecken ganz langsam, kaum bemerkbar. Eines Tages freilich stehe ich vor dem Ergebnis: Wie verbogen die Finger jetzt sind, wie unsicher meine Schritte. Aber wie lange hat das immerhin gedauert! Die Zukunft wird zeigen, ob der weitere Prozeß langsam genug sein wird, um mir tiefer greifende Umstellungen meines Lebens zu ersparen. Ein Chirurg sagt mir: Den Prostatakrebs dieses 84jährigen operieren wir nicht mehr, das natürliche Ende wird ziemlich sicher schneller sein als dessen sehr langsames Fortschreiten. Eine alte Freundin ruft mich an: »Ich will Abschied nehmen«, sagt sie. »Ich weiß, daß ich nur noch kurze Zeit habe, und ich gehe gefaßt auf das Ende zu. Die Ärzte kümmern sich sehr um mich. Die Schmerzen sind gering. Die Familie ist wunderbar um mich. Und weißt du, worüber ich mich freue? Mein Gehör hat in den letzten Jahren doch spürbar abgenommen, und ich habe mich gefürchtet, eines Tages ganz gehörlos zu sein. Jetzt weiß ich sicher, das bleibt mir erspart, und ich bin sehr erleichtert. Siehst du, wenn ich jetzt 30 wäre, wäre mir himmelangst, jetzt mit meinen 72 nicht.« Für sie war die Zukunft zur rechten Zeit kurz genug, und der Prozeß ist ausreichend langsam gewesen.

Auf ganz andere Weise kann uns das auch im Großen begegnen. Heute zu Beginn des neuen Jahrtausends ist die Welt nicht nur voll von Aussichten und Erwartung, sondern auch von Befürchtungen und

Bedrohung. Fast über Nacht ist der Menschheit deutlich geworden, wie gefährlich die Klimaentwicklung unserer Erde ist, wie bedroht Gottes Schöpfung und unsere Menschenerde. Wachsende Ängste regen sich auch beim Blick auf die Entwicklung der globalen Wirtschaft. Noch reden die Bänker und die Finanzfachleute lieber hinter vorgehaltener Hand, wenn sie mir anvertrauen, daß dieser Prozeß der wunderbaren Geldvermehrung, des exponentiellen Anwachsens der Privat- und oft riesigen Spekulationsvermögen auf einen Crash zuläuft, dessen Ausmaße kaum absehbar sind. Aber angesichts einer Immobilienkrise fern in den USA, die plötzlich die Zahlungsfähigkeit von Finanzriesen und Landesbanken rund um den Globus unsicher macht, werde auch ich als der sprichwörtliche kleine Mann aufmerksam und unruhig.

Freilich, die Bedrohung und die Ängste, die vor allem junge Leute vor fünfundzwanzig Jahren ergriffen hatten, waren anderer Art. Damals standen sich in der Mitte Europas die Atomwaffen Pershing und SS-20 an der innerdeutschen Grenze abschußbereit und drohend gegenüber. Eine Panikhandlung, ein Mißverständnis hätten in jedem Augenblick den Funken zünden und die Weltkatastrophe auslösen können, der Menschheitsgeschichte von ihren frühesten Kulturen bis zu diesem Moment ein plötzliches Ende bereiten können. So sieht es gegenwärtig nicht aus. Wenn heute die warnenden, wenn die alarmierenden Experten die Termine nennen, könnte ich mich eigentlich beruhigen. Denn hier wird mit sehr verschiedenem Maß gemessen. Was erdgeschichtlich kaum eine Sekunde ist und was in der Weltge-schichte nur eine Handbreit Zeit bedeutet, ist für mein Leben eine Zukunft, die weit genug entfernt ist, um noch nicht in die akute Gefahrenzone zu ge-raten. Ich vom Jahrgang 1930 werde darüber infor-miert, wie weit die Gletscher 2030 abgeschmolzen sein werden und wie die Wüsten 2050 angewachsen sind, und könnte denken: Hundert Jahre alt wirst du nicht werden, und was danach kommt, wirst du schon gar nicht mehr erleben. So schnell geht die Entwicklung nun auch wieder nicht, und hier profi-tierst du einmal von der Chance dieser relativen Langsamkeit. Solltest du hier nicht wirklich einmal einen derart morgigen Tag für das Seine sorgen las-sen, da der heutige weiß Gott seine eigene Plage hat?

Aber dann sage ich mir ein energisches Nein. Hat nicht schon vor Jahrtausenden der Prophet Jesaja die Haltung jener Leute gegeißelt, die sich sagten: »Laßt uns essen und trinken, wir sterben ja morgen«? Dich betrifft es vielleicht wirklich noch nicht, wohl aber deine Kinder und deine Enkel. Was bist du für ein Großvater, der derart nur an sich selber denkt und die Folgen von heute ihnen für morgen überläßt? Ich erinnere mich, wie ich im November 1989 vor einer der riesigen Bürgerversammlungen in Jenas Zentrum gestanden und von der Verantwortung gesprochen habe, von der wir überzeugt waren, sie sei uns allen auf einmal für die kommenden Jahrzehnte aufgege-ben. Ich will nicht vergessen, was wir damals ge-meinsam wußten: »... Die schwerste Verantwortung aber ist die Verantwortung für die, die noch gar nicht geboren sind, die in 100 oder 300 Jahren auf dieser Erde leben wollen, von denen wir überhaupt nichts wissen außer dem einen, daß es von uns heute abhängt, ob sie auf unserer Erde werden leben können, ob sie ein bewohnbares Land vorfinden oder eine verbrannte, verbrauchte Erde... Aufbruch in die Zukunft, die hat einen langen, langen Atem und braucht einen weiten Blick.« Heute weiß ich, das heißt: Mit einer kurzen persönlichen Zukunft umgehen lernen, aber sie auch immer in den Dienst einer langen kommenden stellen.

Eine kleine Beruhigung kommt mir dabei gelegentlich zu Hilfe: Ich bemerke, daß unsere Kinder, daß die Menschen der nächsten Generation oft mit Problemen besser fertig werden, denen ich mich kaum gewachsen fühlte. Sie packen Dinge gelassener und beherzter an, die uns Alte erschrecken und ratlos machen, und sind, wenn nicht hoffnungsvoller, dann doch lebensklüger und einfallsreicher, so wie wir es wahrscheinlich in unseren jungen Jahren auch gewesen sind. Sie sind eben Kinder ihrer Umwelt und ihrer Zukunft und finden vielleicht neue Wege, die uns noch unbekannt und verschlossen sind und die vielleicht erst sichtbar werden jenseits jener kurzen Zukunft, die uns Alten heute noch zur Verfügung steht.

Schließlich kommt für mich noch eine weitere Frage in den Blick: Wie sieht es damit bei der Kirche und bei ihrer Zukunft aus? Seit im Gesangbuch ein Lied von mir abgedruckt wurde, in dem auch von neuen Wegen die Rede ist, werde ich immer wieder um Beiträge mündlicher oder schriftlicher Art gebeten, die darüber Auskunft geben sollen, wie in unserer Kirche diese neuen Wege denn aussehen werden. Aber ich bin damit überfordert wie alle, die sich diese Frage stellen. Natürlich kenne ich viele der Probleme. Natürlich versuche ich, mitzudenken und mitzureden. Aber weiter bin auch ich nicht. Auch ich sehe, wie unterschiedlich die Analysen und die Vorschläge sind: Schreitet hierzulande die tiefe Entchristlichung weiter voran oder nimmt im Gegenteil die Sehnsucht nach Religion und damit auch die Aufmerksamkeit für die gute Nachricht des Evangeliums zu? Sollen wir die Schwellen für den Zugang in die Gemeinde für Sympathisanten verschiedenster Art möglichst niedrig halten oder im Gegenteil unser Profil schärfen und die allzu billige Gnade für eine spezifische Versuchung unserer bequemen Gesellschaft halten? Und viele Fragen der Art. Zuletzt müssen wir wohl alle das Zutrauen haben, daß die, die es dann betreffen wird, mit ihren Aufgaben und Lösungen so schlecht und so gut fertig werden, wie wir es zu unserer Zeit gekonnt haben. Etwas Wichtiges habe ich alter Mann an dieser Stelle allerdings den Jüngeren voraus: Ich erinnere mich gut an all die Aufbrüche und neuen Konzeptionen, die in den zurückliegenden Jahrzehnten unsere Kirchen beschäftigt und herausgefordert haben. Der missonarische Auftrag, der auch heute in unserer kleiner gewordenen Kirche neu entdeckt und in seiner Dringlichkeit erkannt worden ist, hat uns schon in der Zeit der Jahrhundertmitte kräftig in Anspruch genommen. Damals entdeckte die Ökumene in ihrem Genfer Stab »Mission als das Strukturprinzip« der Kirche

überhaupt. Mitten in der DDR-Zeit haben wir in Ost-
berlin einen großen Kongreß aller DDR-Kirchen unter dem Thema »Missio heute« gehalten und uns auf
die Suche nach wichtigen Impulsen dazu gemacht.
Ich erinnere mich auch daran, wie der katholische
Bibeltheologe in Erfurt, Heinz Schürmann, davon gesprochen hat, was die junge Kirche damals in der
Zeit der Apostelgeschichte so anziehend und wirksam gemacht hat und was darum die Wegrichtung in
unseren Kirchen heute sein sollte: Eine neue Gemeinschaft, in der man menschlich miteinander lebt,
ein eigener, unangepaßter Lebensstil »in der verfau-
lenden Konsumgesellschaft der Spätantike« und An-
dachtsräume mit überzeitlicher Hoffnung in einer
Zeit der Gottesfinsternis. Das klingt für mich, als sei
es erst heute geschrieben. Als das Jahr 1985 noch
ferne Zukunft war, entwarf der Cottbusser General-
superintendent Günter Jacob das Bild einer Kirche,
wie sie in diesem Jahr aussehen könnte: nur noch
mit kleiner, im Land verstreuter Zahl, aber von innen
heraus geistlich erneuert. Und in den letzten DDR-
Jahren haben einige von uns in intensiver Arbeit das
Konzept für unsre DDR-Kirche als »Minderheit mit
Zukunft« zur Diskussion gestellt.

Ich erinnere an all das nicht, um damit zu sagen:
Danach ist es eigentlich überflüssig, heute darüber
erneut nachzudenken, wie eine »Kirche der Freiheit«
von morgen aussehen könnte und wo ihre Leucht-
türme stehen könnten. Wir sollten uns vielmehr
deutlich machen: Der Kirche Christi ist zwar eine
Verheißung gegeben, daß sie bleiben soll bis an der
Welt Ende, und die Pforten der Hölle werden sie

nicht überwältigen. Bei den Generationen aber, die in ihrem Dienst arbeiten, sieht das anders aus. Dort sind die Zeiträume begrenzt, für die wir planen können; da ist die Zukunft überschaubar, für die wir Ziele festsetzen können. Es ist gut, für die Zeit, die uns gegeben ist, Leuchfeuer auszumachen und zu entzünden. Wie weit und wie lange sie aber den Weg in die Zukunft der kommenden Gemeinden erleuchten werden, das weiß Gott allein. Auf diese oder auf eine ganz andere Weise ist es mit seiner Kirche immer weitergegangen. Seine Zukunft reicht bis in die Ewigkeit, ihr gegenüber ist die unsere in jedem Fall eine kurze Spanne. Darum wird an erster Stelle immer die Frage stehen: Was ist sein Wille an uns heute?

Für seine Welt aber können wir nur hoffen, daß die Entwicklungen und ihre Katastrophen immer langsam genug herannahen, so daß die Menschheit vorher noch erkennen kann, was sie zu tun hat. Entscheidend ist nach meiner Überzeugung, daß wir als Bewohner unserer Erde und als Jünger unseres Herrn seinem Wort treu bleiben und gerade darum bereit sind, umzudenken und umzukehren, wenn er uns auf neue Wege weist. Ein Wort von Romano Guardini hat mich vor vielen Jahren angesprochen und seitdem begleitet: Daß in jedem Augenblick unseres Lebens, auch in seinem ersten, etwas Altes endet und in jedem Augenblick unseres Lebens, auch in seinem letzten, etwas Neues beginnt.

Gedanken im Gedicht

*Alt sein heißt: mit kurzer Zukunft umgehen lernen*

Auch wir, meine Frau und ich, haben Zeiten erlebt, in denen wir davon ausgehen konnten, wir haben jetzt eine lange gemeinsame Zukunft vor uns. Und wir hatten Zeiten, in denen Vergangenheit und Zukunft unseres Lebens sich nach menschlichem Ermessen die Waage hielten. Nun also unser Leben mit kurzer Zukunft. Und zu allen drei Zeiten hat das Leben seine eigene Schönheit. Wir haben unsere Hochzeit im Januar gefeiert, ganz am Anfang Januar. Wir hatten das ganze neue Jahr vor uns, und überhaupt lauter Zukunft. Die große gotische Kirche, in der die Orgel brauste, war eiskalt; aber das machte uns nicht viel aus: Wir waren jung, und am Abend saßen wir in großer Runde vor dem hellen Feuer eines Kamins und dachten an kommende Tage.

Als unsere Freunde Uschi und Dieter Hochzeit feierten, war Sommer, und das Land stand in Blüte. Ganz jung waren sie nicht mehr – eine Weile hatten sie schon zusammengelebt – aber voll von Unternehmungslust. Die Welt war weit, die Sonne hell und warm, Land und Meer luden sie ein. Auf griechischen Inseln und Schweizer Bergen waren die Eheleute unterwegs: Sommerglück. Als mein Freund aus frühen Tagen Paul Oestreicher zum zweiten Mal heiratete, ging er schon auf die Siebzig zu. Wir kannten uns aus den dreißiger Jahren, als unsere Väter das

Untertauchen des jüdischen Arztes mit seiner Familie besprachen, und haben uns ein Vierteljahrhundert später zum ersten Mal wiedergesehen, als er
schon leitende Funktion bei der BBC und beim Bri-
tish Council of Churches wahrzunehmen begann.
Jahrzehnte später war seine Frau Lore an einer
schweren Krankheit gestorben. Jetzt lud er uns zu
seiner zweiten Hochzeit nach Berlin ein. Die kirchli-
che Trauung sollte in England stattfinden. In einem
großen altpreußischen Gebäude wurden die Forma-
litäten der Eheschließung mit deutscher Akkuratheit
erledigt. Aber dann setzte aus dem Lautsprecher eine Musik ein, das Ehepaar faßte seine Nachbarn an
der Hand und diese die nächsten. Wir zogen, wir
schlängelten uns, wir tanzten durch den amtlichen
Raum: Hochzeit. Am Nachmittag in einem Kirchsaal
im Berliner Zentrum brannten die Kerzen, und die
Freunde hielten ihre Reden zum Fest.

Zu beiden Hochzeiten habe ich ein kleines Gedicht vorgetragen. Das hatte den Titel: »Guter Rat für
euch beide.« Jetzt, ein altes Ehepaar, sind wir also bei
der dritten Strophe: »Wenn das Jahr zu Ende geht« –
eine kleine Zukunft, eine großräumige Erinnerung,
ein gutes Stück Leben.


Wenn das Land in Blüte steht,
dürft ihr nicht zu Hause bleiben.
Stoßt euch gegenseitig an,
in der Welt euch rumzutreiben.


Wenn der erste Herbstwind weht,
müßt ihr roten Wein einschenken,

auf sieben bunte Kerzen sehn
und an etwas Schönes denken.

Wenn das Jahr zu Ende geht,
müßt ihr dicht zusammenrücken,
euch zu wärmen, wenn es schneit,
und ganz lieb euch anzublicken.

Wenn das Land in Blüte steht,
wenn der erste Herbstwind weht,
wenn das Jahr zu Ende geht –:
Für all das ist es nie zu spät.

These

# 4

*Erinnerung*

*Erinnerung im Alter ist Erfahrung,*
*Erfahrung kann Ermutigung sein*

Alte Menschen erzählen gern – nicht alle, aber viele. Denn sie haben viel gehört und viel erlebt. Sie haben im Gedächtnis einen großen Vorrat an Episoden und Geschichten, an Tagesereignissen und Lebensläufen, an selbst gemachten und an Erfahrungen anderer. Manchem fällt dabei noch das Bild von einer Großmutter ein, die auf einer Bank sitzt und erzählt: »Es war einmal…« oder »Ja, damals, als wir jung waren…« Die erzählte Welt ist eine ganz eigene Welt. Die oder der Erzählende zieht den Vorhang auf zu ihr und lädt die anderen ein einzutreten. Es ist die Welt der Erinnerungen, der eigenen, der gemeinsamen, der überlieferten. Und wenn die gegenwärtigen Tage ereignisärmer werden, während die Kapitelfolge des vergangenen Lebens groß angewachsen ist, ist der alte Mensch immer mehr in deren Räumen zu Hause.

Manche Menschen werden auf ihre alten Tage immer stiller, ihre Angehörigen sagen auch: immer verschlossener. Ich denke mir, sie sind dann allein in ihrer Erinnerungswelt unterwegs und reden dort mit sich selbst und mit denen, die es nur noch in der Erinnerung gibt.

Anderen aber fallen immer häufiger Geschichten ein, die sie nicht für sich behalten wollen, immer neue oder immer dieselben. Der Zusammenhang ist oft eher assoziativ als logisch. Bei einem zufälligen Stichwort fällt mir ein Erlebnis oder eine Anekdote ein, und diesen Einfall möchte ich gern weitergeben – »loswerden«, sagt unsere Sprache. »Das muß ich euch noch erzählen«, höre ich mich sagen, und jetzt frage ich mich: Warum muß ich eigentlich?

Es kann sein, daß ich einfach etwas Hübsches oder Originelles zur Unterhaltung beitragen will. Ich habe in meinem langen Leben unglaublich viele Witze gehört: handfeste und geistvolle, kirchenkritische und politische, einer davon fällt mir jetzt ein. Jemand hat von einem Erlebnis erzählt, und ich habe dasselbe aber mit einem ganz anderen Ausgang erlebt. Der Name eines Menschen wird genannt, und den kannte ich auch. Ich habe die Hoffnung, mein Beitrag macht die Unterhaltung bunter und interessanter, und der alte Herr gewinnt ein wenig an Sympathie oder Ansehen in der Runde. Daß seine »ewigen Geschichten« auch das Gegenteil auslösen können, ohne daß es jemand in seiner Gegenwart ausspricht, das kann allerdings auch immer einmal passieren.

Daneben gibt es einen ganz anderen Impuls zum Erzählen, zum Berichten und Festhalten. Und vielleicht ist der besonders zeittypisch für unsere Tage: Alte Menschen sind Zeitzeugen für vergangene Jahrzehnte. Sie werden danach gefragt, oder sie melden sich zu Wort. Ihre Erinnerungen sind Erfahrungswerte. Je älter ein Mensch geworden ist, desto einmaliger und also wertvoller werden seine Erinnerungen. Mit Staunen hören die Schülerinnen und Schüler bei ihrem Befragungsprojekt, daß die alte Frau noch die Grundsteinlegung zum gerade abgerissenen Kaufhaus erlebt hat – wie sah die Innenstadt denn damals aus? Und die Historiker und Zeitgeschichtler beeilen sich, noch ein Gespräch in ihr Aufnahmegerät zu bekommen, solange der sehr alte Professor noch zu Auskünften fähig ist.

Dabei spielt heute oft eine Bemühung eine beherrschende Rolle, die man »aufarbeiten« nennt. Mir ist nicht ganz klar, was dieser und was jener darunter versteht; denn man kann Gewesenes nicht aufarbeiten, wie der Polsterer einen alten Sessel aufarbeitet, und nun ist er wieder wie neu. Für manchen bedeutet »aufarbeiten« offenbar Dokumentation, Berichterstattung, Archivierung, für andere eher Beurteilung, Warnung, Mahnung, für wieder andere vor allem Abrechnung, Aufdeckung, Bloßstellung. Und die Zeitzeugen, die diese aufgearbeitete Zeit noch selbst erlebt haben, wissen oft nicht recht, wie sie sich zu all dem stellen sollen – vor allem, wenn der Aufarbeiter überzeugt ist, genauer als sie selber zu wissen, wie es damals wirklich gewesen ist. Es ist sicher nicht zufällig, daß auf dem Buchmarkt seit längerer Zeit eine Fülle von Memoiren, von persönlichen Lebenserinnerungen angeboten wird. Menschen sehr verschiedener Art und sehr verschiedener Stellung in der Gesellschaft erzählen ihr Leben und nehmen, wenn sie eine entsprechende Begabung haben, die Leserinnen und Leser auf ihren Lebensweg noch einmal mit. Aber es ist nicht zu übersehen, daß hier je nach Lage der Dinge bewußt oder unbewußt oft auch ein Interesse an Richtigstellung und Verteidigung, eine Bitte um Verständnis und Mitgefühl, eine Forderung nach Gerechtigkeit und Entschädigung mitschwingt.

Heute als Zeitzeuge einer vergangenen Zeit frage ich mich allerdings, ob es überhaupt möglich ist, das Zeitgefühl von damals an die später Geborenen zu vermitteln, ihnen weiterzugeben, wie uns damals zu Mute war, nicht nur die Fakten zu schildern, sondern auch unsere innere Befindlichkeit und die Atmosphäre eines Zeitalters. Und indem ich mich das frage, wird mir gleichzeitig deutlich, wie zweifelhaft dann auch meine eigenen Vorstellungen sind von den Zeiten vor meiner Zeit: Mittelalter, Lutherzeit, Goethezeit – wahrscheinlich ist auch meine Vorstellung von ihrem Lebensgefühl und mein Bild von ihrer inneren Welt nur eine schwache Annäherung an ihr wirkliches Erleben, ihr Hoffen und Bangen. Jetzt habe ich mir auch deutlich gemacht, in wie tiefer Vergangenheit meine erinnerte Lebenszeit für die heute Jungen zurückliegt. 1949, als ich 19 Jahre alt und Studienanfänger war, wurden die beiden deutschen Staaten Bundesrepublik und DDR gegründet, für mich und meine Altersgenossen ein entscheidendes Datum der deutschen Zeitgeschichte und unserer eigenen Biographie, an das wir uns deutlich erinnern – vielleicht nicht gerade wie an den gestrigen Tag, wohl aber so, als ob es erst vorgestern gewesen wäre. Für einen Menschen, der heute 19 und Studienanfänger ist, ist das Jahr 1949 aber bei weitem nicht mehr Zeitgeschichte, sondern graue Vergangenheit. Für ihn liegt das heute so weit zurück wie für mich, als ich 19 war, die Zeit, als Bismarck Reichskanzler und Engels noch der führende Kopf der Sozialdemokraten waren – deutsche Historie aus dem Geschichtsbuch. Erinnerung ist Zeugenschaft für vergangene Zeiten. Wie weit die Heutigen aber wirklich in diese verklungenen Jahre mitgenommen werden können, ist fraglich.

Natürlich dient es auch der Selbstdarstellung, wenn jemand seine Erinnerungen auspackt. Gerade alten Menschen liegt oft besonders daran, daß ihre Mitmenschen das richtige Bild von ihnen haben, sie achten oder sie gern haben, sie wirklich kennenlernen. Und dazu gehört nicht nur, was sie jetzt sind, sondern auch das, was sie einmal waren, nicht nur, was sie heute allenfalls noch leisten können, sondern auch, was sie an früheren Leistungen vorzuweisen haben. Ich habe mehrfach in Kliniken gelegen und mein Zimmer mit anderen Patienten geteilt. Mir ist aufgefallen, daß ich dabei immer wieder zwei verschiedene Typen von Patienten angetroffen habe, die ihre Krankheit zu verarbeiten suchten. Die einen empfanden sie als Versagen, untypisch für ihre Person und natürlich schnell korrigierbar. Die erzählten, wie sie noch vor einem halben Jahr Ziegel aufs Dach geschleppt, ihre Enkel im Freibad überrundet und Anfang des Monats ihre Kollegen in Staunen versetzt haben. Die anderen empfanden das Ertragen der Krankheit als Leistung. Sie erzählten, wie viele Operationen sie schon überstanden, wie starke Schmerzen sie klaglos ausgehalten hatten, wie tapfer sie waren. Wenn man ihnen zuhörte, sah man geradezu bei dem einen die staunenden Klassenkameraden von einst, die seine Körperkräfte bewunderten, beim anderen hörte man die Stimme der Mutter, die voll des Lobes war, wie tapfer ihr kleiner Junge die schmerzhafte Behandlung ausgehalten hatte. Ähnliches beobachte ich seither auch bei anderen alten Menschen, die mir von ihrem Leben erzählen, ausgewählte Aspekte, die ihre Person mir in dem einen oder dem anderen Licht zeigen sollen. Wovon, frage ich mich jetzt, handeln eigentlich bevorzugt die erinnerten Lebensgeschichten, wenn ich nicht von denen anderer erzähle, sondern von meinen eigenen?

Wenn wir so die Wirkungen des Erinnerns eine nach der anderen ansehen, wird zunehmend deutlich: Den größten Gewinn von unseren Erinnerungen haben zuletzt wir selber. Ich habe eine unerwartete Erfahrung gemacht und weiß nicht, ob es damit mir allein so geht oder anderen alten Leuten auch: Ich habe schon als Schuljunge einzelne Zeitungen aufgehoben – ich besitze zum Beispiel die »Eisenacher Tagespost« vom 1. September 1939, die »Berliner Zeitung« vom 21. Juli 1944 und ein Nachrichtenblatt der US-Armee vom Mai 1945, habe später eine ganze Reihe von Nummern unserer Thüringer Kirchenzeitung von 1988 und 89 mit ihren geschickt formulierten Kolumnen aufgehoben, auch eine Menge von Reden, Berichten und Interviews aus der Zeit der Wende aus dem Rundfunk mitgeschnitten und war überzeugt: Später in Alter und Ruhestand wirst du all das mit großem Interesse wiederlesen und wiederhören. Und jetzt stelle ich fest: Ich greife nicht danach. Es lockt mich kaum, diese allgemeinen Erinnerungen aufzufrischen und mir das Gesammelte ins Gedächtnis zu rufen. Wo ich mich für Zeit- und jüngste Kulturgeschichte interessiere, finde ich genug Fachliteratur, Bildbände und in den Medien Rückblicke. Anders geht es mir mit alten Briefen, Tagebüchern, persönlichen Texten, in denen mein eigenes Leben wieder heraufsteigt und mir meine persönliche Erfahrung von damals in Erinnerung gerufen wird. Ich folgere daraus: Wirklich lebenswichtig, tragfähig und bestimmend für mein eigenes Leben werden die Erinnerungen immer dort, wo in ihnen eigene Erfahrungen enthalten sind. So lange es nur objektives Material ist, das ich mir gemerkt habe, kann ich das hier oder dort rekapitulieren und benutzen; aber es bleibt Werkzeug und Instrument. Wo aber Erinnerung mir von einer Erfahrung erzählt, die ich einmal selber gemacht habe, da geht sie mich an und betrifft mich. Hier bin ich mit mir selber im Gespräch.

Dabei gehen die Erinnerungen wie unser Leben überhaupt in zwei Richtungen: auf Gutes und Böses, Schönes und Schweres, Freud und Leid. Und gerade die Erinnerung an erlebte Freude kann da unter einem dunklen Schatten liegen, unter der Trauer, daß all das nun hinter uns liegt, vergangenes Glück, verklungene Freude, aus und vorbei. Unsere Sprache kennt das Wort »Vorfreude«, das Wort »Nachfreude«, Freude an dem, was war, kennt sie nicht.

Als wir Kinder waren, saß ich einmal mit meinen Brüdern zusammen, und die Rede kam darauf, welches der schönste Tag im Jahr ist. Natürlich war von Anfang an klar: Unübertrefflicher Höhepunkt ist Weihnachten, ist der Heilige Abend. Aber dann gab einer zu bedenken: Dann ist das Schönste auch bald vorbei. Man hat manches, worüber man sich freuen kann aber eigentlich nichts mehr, worauf. Vielleicht ist der schönste Tag darum der Erste Advent, wo man alles noch vor sich hat: Die Veränderungen am Morgen in der adventlichen Wohnung, die Türen im Adventskalender alle noch nach und nach zu öffnen, heimliche Vorbereitung, aufgeschriebene und geträumte Wünsche – kurz: die prickelnde Ungeduld und die ganze Vorfreude. Ja, sagte ein anderer: Vielleicht ist es überhaupt der Sonnabend vor dem Ersten Advent, an dem bei uns die ersten Plätzchen für morgen gebacken und die Zimmer für die Adventszeit aufgeräumt wurden, wenn noch gar nichts von all dem da ist, aber alles ist im Kommen. Zauber der Vorfreude.

Ich weiß nicht, ob Kinder von heute noch ähnliches denken können wie wir damals, heute, wo die Weihnachtslebkuchen schon im Oktober im Sortiment sind und wo der Weihnachtsbaum in vielen Städten schon am Toten- und Ewigkeitssonntag auf dem Markt steht und leuchtet. Denn wo es, wann immer im Jahr, um schöne Erlebnisse geht, um Gelegenheit, irgendetwas zu feiern, da ist unsere heutige Welt ungeduldig: Warum bis morgen warten, warum drei Wochen noch aushalten, wenn wir es auch heute schon haben können? So können wir nach Möglichkeit das jeweilige Heute genießen, aber wir geben dafür den Zauber der Vorfreude auf.

Anders ist es bei der Erinnerung an das Böse, das Schwere, das Leid. Ich habe deutliche Erinnerungen an große Ängste im Luftschutzkeller, als die fallenden Bomben dröhnten und wir gewärtig sein mußten, unter den Trümmern unseres Hauses verschüttet zu werden. Ich habe schwere Krankheiten in Erinnerung und massive Gefahren auf meinem Lebensweg. Aber gerade solche Erinnerungen haben auch die Kraft, uns zu ermutigen. All das habe ich erlitten, aber ich habe es hinter mich gebracht, durchgestanden, überwunden. Trotz alldem bin ich nicht untergegangen, sondern bis hierher gekommen; »bis hierher hat mich Gott gebracht durch seine große Güte« können wir singen, die wir noch immer unter den Lebenden und Umhergehenden sind. Wir erinnern uns an Tage, an denen wir aufgeatmet haben, an Situationen der Befreiung, an Augenblikke des Umschwungs. Wilhelm Raabes »Hungerpastor« stellt fest: »Erst am Abend erfährt der Mensch so recht, was ihn unter den Mühen des Tages aufrecht erhalten hat.« So sind die Erinnerungen an das Schwere und Belastende oft gerade Erinnerungen der Hoffnung und der Dankbarkeit; denn sie schenken die Zuversicht, daß wir auch in Zukunft immer wieder erleben, was wir trotz Zweifel und Angst nun schon oft erlebt haben: Rettung und Hilfe. »Er hilft, wie er geholfen.« Ja, ich sage mir jetzt: Das ist im Grunde eine andere Form der Vorfreude. Auch in unseren Kindertagen wechselten ja Freud und Leid einander ab. Wir hätten uns damals schon daran erinnern können, wie nach dem Christfest die Schule wieder begann, der kalte Januaralltag aufs Neue drohte, Krankheit und Versagen das Leben trüben konnte, aber hinter all dem auch der Frühling wieder zu erwarten war, große Sommerferien kommen würden und schließlich das nächste Weihnachtsfest uns wieder bevorstand. Die Vorfreude beruhte zuletzt ja auf der Erinnerung, wie schön Weihnachten im vergangenen Jahr gewesen ist. Weil ich mich an Vergangenes und Verklungenes erinnere, habe ich Grund und Anlaß, auf seine Wiederkehr mich zu freuen. Ich blicke auch als alt Gewordener auf schöne Erinnerungen zurück und auf rettende Erfahrungen. Natürlich ist dies ein Blick auch mit Wehmut über das Unwiederbringliche, mit Trauer und Reue über Fehlentscheidungen, auch mit Schmerz über Kränkung und Verletzung. Und die Vorfreude auf gute neue Zeiten hat im Alter, wenn das Ende in den Blick kommt, seine natürliche Grenze. Aber so lange ich auf dieser Erde bin, berichtet auch mir die Erinnerung, wie Trauer und Schmerzen mit der Zeit abgeklungen sind, wie neue Wege sich geöffnet und neue Kräfte sich geregt haben. Von den Entwicklungspsychologen höre ich die Überzeugung, daß am Anfang meines Lebens ein Urvertrauen mich trägt, die Gewißheit, jedenfalls bei der Mutter geborgen und geliebt zu sein. Das ist schön, als eine Urerinnerung für das ganze Leben zu denken. Andere halten es eher für möglich, daß ich schon in dieser frühesten Phase meines Daseins empfunden habe, daß der Mensch gefährdet und oft auch allein gelassen ist; aber auch dann kann er dem immer wieder die befreiende Erfahrung entgegensetzen: Ich falle, aber jemand hebt mich auf. Ich weine, aber jemand kommt.

Von solcher Erfahrung berichten jedenfalls über den persönlichen Lebenslauf hinaus die Kinder Israel, die Menschen aus dem wandernden Gottesvolk hinter Wolke und Feuersäule. Das gilt ebenso für die Kirche Christi, mit der wir unterwegs sind auf dem Weg durch die Zeit. Ihre Zuversicht gründet sich in einem Reichtum von Erfahrung und Erinnerung, in Jahrtausenden gewonnen. Sie hat Bedrohungs- und Versagenserfahrung, Erfahrung mit Verfolgung und

Scheitern, mit erschreckenden Irrwegen und scheinbar aussichtslosen Situationen. Und sie hat Erinnerung an Umkehr und Wendung zum Guten, hat Befreiungs- und Rettungserfahrung, hat Ostererfahrung, hat Gotteserfahrung. Nicht zufällig beginnt der Dekalog, die Grundurkunde des alten Gottesvolkes mit der immer neu ins Gedächtnis gerufenen Erinnerung an eine Befreiungserfahrung: »Ich bin der Herr, dein Gott, der dich aus Ägypten, aus dem Knechtshaus geführt hat.« Er hat sein Volk befreit und ist also ein befreiender Gott. Und da er sich in alle Ewigkeit gleich bleibt, wird er seine Kinder immer aufs neue befreien und retten. Noch einmal: »Er hilft, wie er geholfen.« Und

Wie Gott zu unsern Vätern trat
auf ihr Gebet und Klagen,
wird er zu Spott dem feigen Rat
uns durch die Fluten tragen.
Mit ihm wir wollen's wagen.

Texte aus der Bibel und dem Gesangbuch in Erinnerung zu halten, wird immer wichtiger, je älter wir werden. Denn so bewahren wir in uns etwas Hilfreiches und Tröstliches auf, das wir brauchen werden. Was ich ergreife, nehme ich in meinen Griff, was ich erinnere, nehme ich in mein Inneres. Es ist aus dieser Welt nicht verschwunden, es ist vielmehr von außen nach innen gegangen, und ich kann nur hoffen, es steht mir dort noch immer zur Verfügung und spricht mich an. Jemand hat dies eine »stille Bibliothek« genannt, und es gibt Zeiten im Leben und im Alter ganz besonders, wo ich völlig auf das angewiesen bin, was ich in Erinnerung, was ich in meinem Gedächtnis habe: Verse, Lieder, Sprüche, Gedichte, Choräle. Nur wenn ich in mir so etwas Helles, Tröstliches, Mutmachendes finde, muß ich mich nicht fürchten, zu mir selber zu kommen. Wohl dem, der aus seinen Kindertagen solche erinnerte Texte besitzt; denn im fortschreitenden Alter versorgt uns kaum noch das Kurzzeitgedächtnis mit eingeprägten Worten, sondern das früh Erfahrene und früh Gelernte kommt in Erinnerung, vor allem das immer Wiederholte, Gleichbleibende. Das ist ja das Geheimnis des Kirchenjahres und seiner wiederkehrenden Leseordnung, des Vater-unser-Gebets und der Segensbitte, das Geheimnis der Stundengebete und der alten Erzähl- und Verkündigungstradition Israels, daß sie Denken und Leben der Menschen bis in ihre Tiefe prägen. In solche wiederkehrende Ordnung kann auch der alte Mensch noch einsteigen und erfahren, daß sie ihn auf die Dauer trägt. Dabei ist der Mensch natürlich gut dran, der in frühen Tagen die Psalmen Israels und die Seligpreisungen Jesu kennengelernt und mit ihnen gelebt hat und der Paul Gerhardts großes Trostlied »Befiehl du deine Wege« seit Kindertagen auswendig kennt – selbst Theodor Fontane, der eher Skeptische und jedenfalls Nüchterne, sagt von diesem Lied: »Welch eine Fülle von Trost ist aus dieser Zeile aufgeschossen!« Aber wer sich an Einfältigeres halten muß, weil er nichts anderes im Gedächtnis hat, soll sich dessen nicht schämen. Früher habe ich es für eine tiefe innere Armut gehalten, wenn dem wetterharten alten Mann in der letzten Not aus frühen Tagen nur einfiel, was er vor urlanger Zeit im Kindergottesdienst gelernt hat: »Weil ich Jesu Schäflein bin« oder »...schließe beide Äuglein zu.« Heute sage ich mir: Wenn für ihn nach einem kirchenfernen Leben die frühe Erinnerung an eine tröstliche Geborgenheit bei dem guten Hirten aufs neue heraufsteigt oder die ferne Erinnerung an einen, der ihn trösten könnte, wie ihn in längst vergangenen Tagen seine Mutter getröstet hat, wer bin ich, ihm das aus dem Kopf schlagen zu wollen oder aus dem verzagten Herzen? Die Menschheit braucht auch heute ihre tief eigenen Erinnerungen, »damit«, wie Erich Fried über die Sehnsucht nach Glück sagt, »doch einige fragen: Was war das? Wann kommt es wieder?«

Gedanken im Gedicht

*Erinnerung im Alter ist Erfahrung,*
*Erfahrung kann Ermutigung sein*

Manchmal, wenn ich in Eisenach bin, sitze ich am Teetisch bei Tonimaria und ihrem Mann Friedhelm, meinem Freund schon aus Jugendtagen. Er und ich sind hier in der Wartburgstadt in die gleiche Schule gegangen im ehemaligen Dominikanerkloster, in dem schon Martin Luther und Johann Sebastian Bach Lateinschüler waren, haben als Chorknaben in der Georgenkirche die h-Moll-Messe gesungen, und wenn wir nach »Nathan der Weise« aus dem Stadttheater traten – weißt du noch? –, beleuchtete ein Kranz von Glühbirnen gegenüber an der sowjetischen Kommandantur das große Bild des Generalissimus Stalin.

Wir haben auch zur gleichen Zeit in Jena Theologie studiert und sind gemeinsam ordiniert – also ins Pfarramt eingesegnet – worden. Und jetzt meine Erinnerung an einen sommerwarmen Augusttag in den 60er Jahren in Gieba, einem freundlichen Dorf im Altenburger Land. Es war früher Nachmittag. Ich ging am Dorfrand einen schmalen Wiesenweg entlang, Sommerblumen, Kornfelder, die Häuser des Dorfes, der Kirchturm neben dem Pfarrhaus. Die Gemeinde bereitete sich auf den Abendgottesdienst vor: das war ein Abschiedsgottesdienst. Friedhelm wollte gern ein paar Verse zwischen den Liedern und Gebeten. Ich suchte ihm zuliebe nach guten Gedanken und schönen Reimen. Er bestellte sie immer einmal bei mir, Gebrauchstexte, wenn in seiner Gemeindearbeit oder in der Familie zu Hochzeiten oder runden Geburtstagen welche gebraucht wurden. So hatte er sich für Gieba schon als neuer Ortspfarrer ein Krippenspiel erbeten, das dann auch von Gliedern der Jungen Gemeinde und Christenlehrekindern aufgeführt wurde. Es mußte einprägsame Reime enthalten und viele Lieder für die Gemeinde und ist dann Jahr für Jahr in der kerzenhellen Kirche aufgeführt worden – ein Stück Giebageschichte in den DDR-Jahren.

Aber jetzt fiel mir auch das Giebaer Christfest eines anderen Jahres ein: Seine Frau hatte mich angerufen. Friedhelm war auf der Fahrt zur Nachbargemeinde mit dem Motorrad lebensgefährlich verunglückt. Ich übernahm die Predigt im Weihnachtsgottesdienst, gemeinsam bangten wir um ihn. Zu Beginn seiner Amtszeit war seine erste Frau plötzlich ganz jung verstorben; er war jahrelang allein, die Gemeinde kümmerte sich um ihn. Und sooft ich zu Gast war, sah ich sie wachsen und mit ihm zusammenwachsen. Die Bauern und die Schulkinder, die Postfrau und der Lehrer, sie alle kannten ihren Pfarrer gut und waren froh, daß er da war. Jetzt also Abschied. Er und seine junge Familie wechselten in eine andere, eine Stadtgemeinde. Die Dorfbewohner hielten das für einen Aufstieg und waren stolz auf ihn. Das Pfarrerehepaar freute sich auf neue Aufgaben und neue Erlebnisse. Aber es war auch sehr traurig: Gieba ohne seinen Pfarrer und er ohne seine bisherige Gemeinde. Beunruhigend zu denken: Was bisher vertrauter und selbstverständlicher Werk- und Feiertag war, sinkt plötzlich ins Gewesene, verschwindet aus dem eigenen Leben – es war einmal. Wo geht das alles hin? dachte ich auf meinem Wiesenweg. Verschwindet das wirklich für alle Zeit ins Vergessen, als ob es nie gewesen wäre? Nehmen wir nicht einen Reichtum von Erfahrungen mit: erfolgreiche Arbeit, gemeinsame Freuden- und Feiertage, Rettung aus Lebensgefahr, bleibende Trauer? Gute Erinnerung, Dankbarkeit, Hoffnung.

Manchmal, wenn ich in Eisenach bin, sitze ich am Teetisch bei Tonimaria und ihren Mann Friedhelm, meinem Freund schon aus Jugendtagen: Drei alte Leute. Weißt du noch, Friedhelm: Gieba?

Du schönes, sommerliches Land,
du schöne Zeit.
Das liegt nun alles fest in Gottes Hand:
das Kommende und die Vergangenheit.

Die Ernte reift im Land. Es reift unmerklich
aus dem Vergangenen, was kommen soll.
Wer kärglich sät, der erntet kärglich.
Doch Gottes Scheuern werden reich und voll.

Und er will täglich zu den Seinen sprechen
und überall durch uns sein Wort betreiben.
Die einen heißt er, fröhlich aufzubrechen,
die andern heißt er, fröhlich dazubleiben.

Er läßt es hier und in der Ferne regnen
und sendet hier und dort den Sonnenschein.
Er wird nicht müde, seine Welt zu segnen.
Wohin wir kommen, wird er uns begegnen,
und wo wir bleiben, wird er bei uns sein.

Und was vergangen ist, ist nicht verschwunden,
es ruht bewahrt in Gottes Ewigkeit.
Wir denken an gemeinsam froh verbrachte Stunden,
an schwere Tage, die wir überwunden,
und haben überall in ihm verbunden,
durch Gottes Treue eine gute Zeit.

These

# 5

*Gestaltung*

*Zeit des Alters nutzen heißt:*
*Gegenwart gestalten*

Allmählich nehmen die Jahre und Tage meines Alters Gestalt an. Vieles geschieht da ganz von selber, ohne unser Zutun. Um so wichtiger scheint es mir, daß wir auch selber an diesem Vorgang beteiligt sind, daß wir unserem jetzigen Leben Gestalt geben. So, wie ich nach dem Umzug meine neue Wohnung einrichte, so richte ich mich nun in den vier Wänden meines Alters ein. Wie soll es aussehen?

Die erste und vielleicht wichtigste Voraussetzung für solche Gestaltung scheint mir zu sein, daß es wirklich um Gestaltung eines Alters geht, eines möglichst guten, lebendigen, gern gelebten, aber eben eines Alters. Das muß akzeptiert werden, und das ist oft ein schmerzhafter Vorgang. Immer gibt es hier die Versuchung, sich selber und die anderen täuschen zu wollen. Diese Versuchung überkommt viele Menschen schon, wenn ihre Jugend langsam zu Ende geht und sie den Abschied von ihr immer weiter hinauszögern. Sicher besteht heute besser als früher die Möglichkeit, durch Kleidung, Auftreten und das eigene Lebensgefühl die Jugendlichkeit erheblich über das kalendarische Alter hinaus zu verlängern. Kritisch aber wird es, wenn diese Bemühung unbeirrt fortgesetzt wird, obwohl der Wechsel in die nächste Generation offensichtlich stattgefunden hat oder gar das Seniorenalter bereits naht. Jeder weiß, das kann zuletzt extreme Formen annehmen. Irgendwo habe ich gelesen: »Verzweifeltes Altern unter der Teenager-Schminke.« In der Literatur ist das wahrscheinlich bekannteste Beispiel für solch verzweifeltes Altern, was Thomas Mann in der Erzählung »Tod in Venedig« schildert: Der Mensch, den Gustav Aschenbach bei seiner Ankunft in der Lagunenstadt inmitten einer Gruppe lärmender junger Leute zu Gesicht bekommt: »…in hellgelbem, übermodisch geschnittenem Sommeranzug, roter Krawatte und kühn aufgebogenem Panama« mit krähender Aufgeräumtheit. Aber Aschenbach erkennt schnell »mit einer Art von Entsetzen, daß der Jüngling falsch war. Er war alt.« Runzeln um die Augen, Schminke auf den Wangen, eine braune Perücke, ein gefärbtes angeklebtes Bärtchen, ein verfallener, sehniger Hals – Thomas Mann schildert diese Jammergestalt: »Widerlich war es zu sehen, in welchen Zustand den aufgestutzten Greisen seine falsche Gemeinschaft mit der Jugend gebracht hatte.« Gustav Aschenbach weiß noch nicht, wie das, was er hier »schauerlich angemutet« beobachtet, ihm selber zur Versuchung werden wird.

Natürlich wird hier mit grellen Farben gemalt. Oft sind die Töne zarter und die Methoden weniger aufdringlich. Und heute gibt es auch viel dezentere Verfahren, das sichtbare Alter aufzuhalten oder auch zu korrigieren. Es ist sicher erfreulich, wenn neue chirurgische Eingriffe einem Menschen mit krankhaft entstelltem Gesicht zu neuem Selbstbewußtsein verhelfen können oder auch einer hübschen Frau zu etwas längerer Freude an ihrem Spiegelbild und zu etwas besseren beruflichen Chancen. Aber zuletzt bedeutet das nur, die Aufgabe, mein Alter zu gestalten, noch ein wenig hinauszuschieben; das geht nicht unbegrenzt.

Denn grundsätzlich gilt doch, daß dies alte Gesicht mein eigenes Gesicht ist. Das bin jetzt ich. Der Chirurg, der solche Gesichter liftet und fast wieder jugendlich macht, sagt mir: Nach der ersten Operation sieht so ein Gesicht tatsächlich jünger aus, bei den weiteren aber wird es zur alterslosen Maske – alterslos, aber nicht jung. Bertolt Brecht sagt es in der am häufigsten zitierten unter seinen Keunergeschichten so: »Ein Mann, der Herrn K. lange nicht gesehen hatte, begrüßte ihn mit den Worten: ›Sie haben sich gar nicht verändert.‹ - ›Oh‹, sagte Herr K. und erbleichte.« Auch ein Altersgesicht kann schön sein oder sehr charakteristisch, oder es zeigt eindrucksvoll die Spuren und tiefen Schatten eines langen, leidgewohnten Daseins. Laß ihm seine Veränderung, sage ich mir, seine eigene Prägung: Steh zu deinem Altersgesicht! Das bist jetzt du.

Unübersehbar ist, daß der Eintritt in dies Alter heute deutlich abgestufter geschieht. Für viele sind die ersten Jahre, manchmal sogar Jahrzehnte, im Ruhestand überaus aktive, lebensfrohe Jahre. Diese ersten post-elterlichen und nach-beruflichen Zeiten gehören heute für nicht wenige zu den schönsten ihres Lebens: Reisen in vieler Herren Länder werden jetzt möglich, Besuche von und bei Freunden und selten gesehenen Verwandten, Bildungs- oder Unterhaltungsangebote können wahrgenommen, lang gehegte Wünsche endlich erfüllt werden. Denn das Netz der täglichen Verpflichtungen engt uns nicht mehr ein, der Wechsel von schnell vergangenem Urlaub und langen Werktagswochen diktiert nicht mehr unsere Tage, über die Kräfte, die wir dort einsetzen mußten, können wir jetzt frei verfügen.

Freilich ist dazu Voraussetzung, daß all das finanziert werden kann – viele Rentner und Rentnerehepaare können – in der Regel vor den Bildern des Fernsehers – nur träumen von solchen Freuden; ich kenne ein Ehepaar, beide noch nicht siebzig Jahre alt, das seine Kinder und Enkel in der übernächsten Kreisstadt nicht besuchen kann, weil ihnen das Fahrgeld zu teuer geworden ist. Voraussetzung ist auch, daß die körperlichen Kräfte, in den letzten Berufsjahren mit allerletztem Einsatz aufrecht erhalten, jetzt nicht den Dienst versagen – jeder Arzt kann von Patienten berichten, bei denen mit dem Ruhestand die Kräfte plötzlich erschöpft waren und verschiedene Leiden sich einstellten. Und Voraussetzung ist, daß keine große Verunsicherung oder depressive Stimmung über den kommt, dem der gewohnte, der tragende Tages- und Wochenrhythmus, ja der ganze eingespielte Lebensablauf plötzlich fehlt – ein Nachbar erzählt mir, ihm sei jetzt zumute, als wäre er ins Bodenlose gefallen, seit er seine gewohnte Odnung nicht mehr habe.

Dies alles vorausgesetzt, gibt es heute jedenfalls grundsätzlich einen gewissermaßen gestuften Verlauf dieses Lebensalters: eine in der Regel noch rüstige Phase, in der der Mensch neue Aufgaben übernehmen kann, in Ehrenämtern oder bei der Betreuung der Enkel gern noch Verantwortung übernimmt, Sicherheit am Steuer und Führung eines Haushalts mit allen Belastungen für ihn noch kein Problem sind, der wenn auch alte Mensch am Morgen mit neuen Plänen und Erwartungen in den Tag geht. Und dann eine Phase, in der die Gestaltung des Alltags immer mehr von den Einschränkungen diktiert wird, durch die der gealterte Körper und der langsam gewordene Geist ihr Recht fordern, in der man sorgfältig abzuwägen beginnt, was man sich noch zutraut und sich noch zumuten will, in dem das starke Bedürfnis nach Ruhe und der Wunsch, das Leben auch jetzt noch tätig zu gestalten, miteinander im Streit liegen.

Der Übergang aus der einen Phase in die andere geschieht in der Regel nicht schlagartig, sondern ist fließend, gleitend, zunächst kaum bemerkt. Dabei spielt auch unsere eigene Entscheidung und entsprechende Bemühung eine Rolle, was wir aus der einen Phase in die andere hinüberretten wollen. Ich bin nach wie vor davon überzeugt, es ist gut, so lange wie möglich in der gewohnten Umgebung zu leben. Hier kenne ich jeden Winkel der Wohnung und jede Straßenecke der Umgebung. Hier finde ich mich noch lange zurecht. Hier hat sich im Lauf meiner Altersjahre mein ganz persönlicher Rhythmus ausgebildet und eingespielt; der trägt mich. Natürlich kenne ich auch die berechtigte Aufforderung, den Umzug ins betreute Wohnen oder in die Pflege eines Heims nicht zu lange hinauszuschieben; die Kräfte, die solch ein Umzug erfordert, stehen nicht unbegrenzt zur Verfügung. Aber hier gibt es sicher keine generellen Maßstäbe; denn für diese Entscheidung müssen sehr viele objektive und persönliche Faktoren berücksichtigt werden. Zuletzt freilich hängt sie von mir selber ab, meinem Mut und meiner Umsicht, von dem, was ich hoffe, und von dem, was ich verantworten will. Ein befreundeter Arzt sagt mir, als ich ihn nach einer objektiven Prognose frage: »Das Entscheidende spielt sich in Ihrem Kopf ab.« Die Alterungs- und Ermüdungsprozesse im Körper sind im Gange; aber die Frage ist mir gestellt, wie stark in meinem Kopf der Wille ist, ihnen Raum zu geben oder nicht.

Dabei ist es gut zu wissen, daß auch der alte Körper sich regeneriert. Immer wieder einmal ist er freundlicher, als wir es ihm zugetraut haben. Und das gilt nicht nur für akute Infekte und periodisch auftretende Leiden, sondern auch das geminderte Gehör oder das schmerzende Knie können sich unerwartet wieder bessern. Nur braucht der Körper dafür länger als früher. Die Ärzte sagen uns: Hüten Sie sich vor dem narzistischen Zorn auf Ihren alten Körper, weil es mit der Besserung nicht schneller geht. Solcher Zorn verzögert nur die Regeneration.

Etwas Geduld braucht er von mir, wenn er tut, was ihm noch möglich ist.

Erst im Alter wird mir ganz deutlich, was in unserem Körper und unserem Geist alles funktionieren muß, damit man sich einigermaßen gesund fühlt. Als Schuljunge fand ich die Paul-Gerhardt-Strophe, die wir im Chor sangen, merkwürdig betulich:

Daß unsre Sinnen
wir noch brauchen können
und Händ und Füße, Zung und Lippen regen,
das haben wir zu danken
seinem Segen.
Lobet den Herren!

Heute weiß ich, daß der lebenserfahrene und leidgeprüfte Barockdichter nur allzu recht hat. Wer etwa nach einem Schlaganfall noch Händ und Füße, Zung und Lippen regen kann, weiß, wovon hier die Rede ist. Und ich finde, Lob zu singen ist auch dem Erfindergeist, der dem Menschen gegeben ist, Hilfsmittel und Geräte zu entwickeln, die Verluste und Ausfälle ausgleichen können. Ich mache mir deutlich, wie zunehmend behindert Menschen gelebt haben müssen, die noch keine modernen Brillen, Hörgeräte oder Beinprothesen kannten. Und ich kann dem Spastiker nur energisch zustimmen, der mir sagt: »Bei uns hat sich die abwegige Redensart eingebürgert: Der ist an den Rollstuhl gefesselt. Ich bin überhaupt nicht gefesselt«, sagt er, »sondern ich setze ihn als Hilfsmittel ein, um beweglich zu sein. Ich sage ja auch nicht, jemand ist an die Brille angeschweißt.« Die sehr geläufige Redensart »Hauptsache gesund« wäre, wenn sie wirklich zuträfe, für einen alten Menschen nur entmutigend; denn der Kerngesunde ist hier die seltene Ausnahme, und zur Hauptsache wird, daß er mit Einschränkungen leben und die Ausfälle ersetzen lernt.

Die Tage des Alters gestalten: Eine andere Dimension dieser Aufgabe besteht in der Frage: Wozu verwende ich jetzt meine Zeit? Vor allem bei eher intellektuellen Berufen begegnet uns plötzlich eine unerwartete Ratlosigkeit: Wozu dient meine alltägliche Aktivität noch? Der Reiz vieler Berufe wie Lehrer, Journalist, Wissenschaftler, Psychologe, auch Pfarrer besteht ja mit hohem Anteil darin, daß nahezu alle Elemente meines Alltags für meine berufliche Tätigkeit nutzbar gemacht werden können: Gespräche mit Erwachsenen und Kindern, Lektüre von Büchern und Zeitschriften verschiedenster Art, Beobachtungen oder Stimmungen in der Natur, Erlebnisse in fremden Ländern – all das und vieles andere kann ich zur Bereicherung meines Berufs verwenden, für die Farbigkeit meiner Schilderungen, die Lebensnähe meiner Beratungen, die Kompetenz meiner Beurteilungen. Jetzt aber wird all das dafür nicht mehr gebraucht. Ich kann all das nicht mehr in den Dienst meines Berufs, dessen Adressaten und Nutznießer stellen, sondern verwende es nur noch für mich selber. Und viele stellen plötzlich fest: Das habe ich nicht gelernt. Der pensionierte Lehrer liest einen interessanten Artikel über Forschungsergebnisse der Frühgeschichte und denkt: Das wäre etwas für meine 11. Klasse. Der Pastor im Ruhestand hört ein wunderbares Zitat von Johannes Rau und denkt: Das würde sehr gut in eine Pfingstpredigt passen. Aber das ist vorbei. Ich muß das jetzt im wahrsten Wortsinn für mich behalten, während ich es mir früher für andere notiert hätte. Solange ich noch eine kleine ehrenamtliche Tätigkeit übernehmen oder als Stellvertreter gelegentlich aushelfen kann, habe ich einen ganz guten Übergang. Wenn dies aber immer weniger in meinen Kräften steht und vielleicht auch immer weniger von mir als einem immer älter Werdenden erbeten wird, kann ein entscheidender Antrieb verloren gehen. Mancher schreibt jetzt seine Lebenserinnerungen für die Enkel auf und hofft, sie werden es einmal lesen. Ein anderer stellt sich ein Lektüre-Programm zusammen und hat ein kleines Erfolgserlebnis, wenn er es geschafft und dabei auch manche gute Stunde gehabt hat. Einer spielt Schachpartien der Meister nach und freut sich auf den Besuch des Schwiegersohns, den er mit neuen Zügen überraschen kann. Das ist alles nützlich und weiter zu empfehlen. Aber die Lebensfrage, die zuletzt dahinter steht, wird sich damit nicht wirklich aus der Welt schaffen lassen: Wozu bin ich noch da? Bei der Ur-großmutter, die vor Jahrzehnten einmal die Geschicke einer großen Familie gelenkt hat, äußert sich das in der klagenden Bitte: »Ich will mich doch noch nützlich machen. Ich will noch helfen.« Sie hört es zwar gerührt, wenn Kinder und Enkel ihr versichern: »Allein dadurch, daß du da bist und mit uns jetzt in fröhlicher Runde zusammensitzt, erfreust und hilfst du uns doch«; aber ob das wirklich befriedigend für sie ist, wer kann es sagen?

Wieviel mehr gilt das für die alleinstehende Frau oder für den verwitweten Mann, die einsam in ihrer hübsch eingerichteten kleinen Wohnung leben und deren Aufgabe nur noch darin besteht, sich selber und den bescheidenen Haushalt in Ordnung zu halten. Und gilt ganz und gar für den pflegebedürftigen Menschen, der auf die ständige Betreuung durch andere angewiesen, lediglich noch da ist und mit diesem seinen Dasein fertig werden muß. Natürlich gibt es auch für sie immer wieder kleine Freuden, die ihnen das lieb und wichtig machen, was anderen alltägliche Selbstverständlichkeiten sind: die schmerzfreie Stunde, der Anruf eines Freundes, die überraschend schöne Musik im Radio, ein Text, der ist, als sei er unmittelbar für sie geschrieben. Aber ich fürchte, wir machen es uns zu leicht, wenn wir sie nur auf diese kleinen Freuden hinweisen. Das späte Alter des Menschen, vor allem, wenn er einsam geworden oder gelähmt ist, stellt uns die elementaren Fragen nach unserer Existenz, bisher von uns nur diskutiert, verdrängt oder auf später verschoben, jetzt unmittelbar und ohne Umschweife, die Frage nach dem Warum und dem Wozu. Man kann darauf reagieren wie Gottfried Benn:

Das ist eine Kinderfrage.
Dir wurde erst spät bewußt:
Es gibt nur eines: Ertrage
– ob Sinn, ob Sucht, ob Sage –
dein fernbestimmtes: Du mußt!

Ich dagegen erhoffe mir Antworten auf solch letzte Fragen von der biblischen Botschaft, die vom Herrn aller Zeitläufe spricht, dessen Gedanken höher sind als unsere Gedanken und der jeden von uns »dahin leiten wird, wo er uns will und braucht«, und sei es allein für jene stille Gegenwart, in der andere Menschen uns erleben und dadurch ermahnt oder getröstet werden. Aber ich traue mir nicht zu, solche Fragen für andere zu beantworten. Ich weiß, zuletzt liegt es an jedem Menschen selbst, ob solche Antworten ihm einleuchtend und hilfreich sind oder nicht. Auch mir werden sich diese Fragen neu stellen, wenn die beschriebenen Situationen einmal meine eigenen werden sollten.

Freilich meine ich: An dieser Frage entscheidet sich auch, wieweit wir unser Leben und unsere Zeit nur als Mittel zu einem erkennbaren Zweck ansehen, den wir uns und anderen nachweisen müssen, oder ob wir die Zeit unseres Lebens auch als Geschenk unseres Schöpfers verstehen, der uns einlädt, vom goldenen Überfluß der Welt das uns noch Mögliche zu trinken.

Matthias Claudius dankt ja Gott und freut sich, »wie's Kind zur Weihnachtsgabe« einfach dafür, daß er da ist und ein menschliches Antlitz hat, und mir leuchtet ein, daß dies unser Leben in einem neuen Licht zeigen kann: Jeder meiner Tage, auch jede belastete, mir geschenkte Zeit – und Gott freut sich, wenn ich aus ihm etwas Gutes auch für mich mache.

Schön ist es natürlich für ihre Schöpfer und danach auch für uns, daß es immer auch wunderbare Alterswerke gibt. Ich meine, es ist nicht zu hoch gegriffen, wenn ich sage: das kann durchaus schon ein schöner Garten sein, dessen Pflege ein alter Mensch noch leisten oder immerhin anleiten kann. Gottes Schöpfung zu pflegen und immer wieder zu neuer Blüte und Frucht zu verhelfen, das dient wunderbar dem Leben, und wenn zudem Passanten am Gartenzaun stehenbleiben und sich an den Blumen freuen oder wenn der Nachmittagsbesuch gern eine Tüte frischer Kirschen mitnimmt, dann ist man bis ins hohe Alter der empfangend Gebende. Vor allem aber sind da die großen Alterswerke der Dichter und der Künstler. Wir wissen, daß Theodor Fontane seine bedeutsamsten Romane geschrieben hat, als er siebzig war und auf die Achtzig ging, daß Heinrich Schütz als über Achtzigjähriger seine Matthäus-, seine Johannes-Passion und seinen »Schwanengesang« über den 119. Psalm geschrieben hat, und Tizian hat sogar mit über neunzig Jahren noch wunderbare Bilder gemalt. Aber das sind seltene Gottesgaben, die nicht erzwungen werden können. Niemand soll sich unter Druck setzen oder setzen lassen, bei abnehmenden schöpferischen Kräften noch ein angemessenes Werk schaffen zu wollen. Zur schöpferischen Begabung, denke ich, gehört es auch, zur richtigen

Zeit die eigenen Grenzen zu erkennen und zu achten. Ich habe erlebt, wie wir in der Aula der Tübinger Universität des hundertsten Geburtstags des bedeutenden, längst verstorbenen Bibelgelehrten Gerhard von Rad gedachten und wie zur Erinnerung an seinen früheren Kollegen der große Hermeneutikprofessor Georg Gadamer eine kleine Rede hielt. Er war damals 101 Jahre alt, ist bald darauf gestorben, und, als er sprach und uns sagte: »Die wahre Wissenschaft kommt aus der Stille«, da war das wie eine ehrwürdige Stimme schon aus der Ewigkeit. Aber auf der ganz anderen Seite, wenn in einer kleinen Kaukasus-Republik der Männer-Chor der Hundertjährigen singt oder wenn ein Filmstar längst vergangener Zeiten heute als 104jähriger die Schlagermelodien von einst öffentlich vorträgt, dann erscheint dies eher als ein Kuriosum, das freundlich belächelt, aber kaum noch ernst genommen wird.

Für unsereinen, der der ihm geschenkten Zeit gerecht werden will, stellt sich freilich weit weniger die Frage, was ich in hohem Alter noch schaffen will, sondern die Überlegung, was ich jetzt noch aufnehme, lese, höre, wem ich meine Zeit widme. In der Jugend habe ich mir Mühe gegeben – und ich meine, das war richtig –, meinen Horizont ständig zu erweitern, neben der klassischen Literatur und bildenden Kunst auch die damals ganz moderne, neue kennenzulernen. In Eisenach mit der Musik Johann Sebastian Bachs aufgewachsen, habe ich mich bemüht, auch die Werke Richard Wagners zu verstehen und in sie einzudringen; Freunde sagten mir, das sei eine wunderbare Welt, die mein Leben bereichern

würde. Ich bin damit nicht weit gekommen; aber bemüht habe ich mich immerhin. Jugend ist die Zeit
der Expansion, der Erweiterung, des Landgewinns in
der Welt des Geistes. Alter ist für mich die Zeit der
Konzentration, der Vertiefung, der Beheimatung an
den Orten meiner eigenen Wahl. Gewiß interessiert
mich auch, was die Erzähler von heute erzählen und
was die Musiker von heute für eine Musik machen,
und ich stoße da natürlich immer auch auf Töne, die
mich ansprechen. Aber ich erlaube mir jetzt, auszuwählen, liegenzulassen, abzubrechen, was mir zu
fremd ist. Ich muß nicht mehr auf der Höhe der Zeit
sein. Es genügt, wenn ich in die Werkstätten und die
Wohnungen des modernen Geistes einen Blick werfe, mich aber am liebsten dort aufhalte, wo ich weiß:
da bin ich zu Hause. Ich habe gehört, daß Patrick
Süskind einen weit beachteten Roman über das Parfüm geschrieben hat; aber ich muß das nicht gelesen
haben, wenn ich lieber ein weiteres Mal bei Fontane
am Stechlin einkehren wollte. Hermann Hesses gro
ßer Altersroman vom Glasperlenspiel geht ja von
dem Grundgedanken aus, die Menschheit solle sich
nicht ständig neue, nach seiner Meinung sehr mittelmäßige Kulturgüter schaffen, sondern sich lieber mit
der Fülle überkommener Kulturen befassen, ihre Gedanken, Erkenntnisse, Künste und Wissenschaften
erschließen, zu ergründen suchen, miteinander in
Beziehung setzen. Freilich weiß auch er, daß kommende Generationen diese Grenzen wieder durchbrechen werden; Josef Knecht, der Magister ludi selber, wird heimlich seine neuen Gedichte schreiben.
Aber soviel folge ich seiner Anregung, daß ich mir

selber erlaube, immer aufs Neue zum überkomme-
nen Alten zurückzukehren, Neues an ihm zu entdecken, Querverbindungen zu finden, neue Freude
am Alten zu haben. Was ich mir aber verbiete, ist der
Versuch, daraus gültige Maßstäbe für die Jungen zu
machen, als sollte das bei mir Bewährte und von mir
Geliebte auch das für sie Verbindliche und einzig
Wertvolle sein. Ich will ihnen berichten, was mir gut
und wichtig ist und ihnen sagen, warum; aber ich
weiß: Ihr müßt entdecken, was eure Musik und eure Literatur ist, eure Wahl und eure Welt. Ich weiß,
wo ich zu Hause bin, und ich bin es gern; ihr müßt
und ihr werdet das eure finden.

Eins sollten wir uns aber noch deutlich machen,
wenn wir fragen, wie gestalten die Menschen heute
ihr Alter: Daß die fortentwickelte Technik hier zu einer grundstürzenden Veränderung geführt hat. Die
Menschen noch vor hundert Jahren kannten im eigenen Haus keinen Plattenspieler und kein Radio,
von CD, Fernseher oder Internet ganz zu schweigen.
Mein Großvater, Landpastor in Thüringen, war ein
begeisterter Verehrer Richard Wagners. Er hat in seinem Leben eine einzige Wagneroper gesehen; alles
andere spielte er sich selber aus dem Klavierauszug
vor. Wann kam ein Dorfpastor schon nach Berlin
oder nach Bayreuth? In den Bürgerhäusern lernte
man die Kammermusik der Zeit weitgehend dadurch
kennen, daß die Freunde und die Töchter des Hauses Instrumente beherrschten oder vom Blatt singen
konnten. Auf dem Dorf fehlte völlig die Dauerbe-
schallung von heute; Musik gab es, wenn im Gottesdienst die Orgel spielte, wenn auf dem Marktplatz

Blasmusik oder im Dorfkrug Tanz war, wenn man im Haus in der Abendrunde gemeinsam sang. Neues aus der Welt erfuhr man, wenn man eine Zeitung hielt und las, Nachricht von Verwandten oder Geschäftspartnern, indem man Briefe wechselte. Das private Auto war allenfalls die Sache von waghalsigen Draufgängern. Ich mache mir klar, was dies für das Leben von alten Menschen in Stadt und Dorf bedeutete im Vergleich zu ihrem Leben heute, wo eine Fülle von Medien mit virtuellen Welten ihre Tage prägen, die jederzeit zu hören, zu sehen, zu erleben sind. Selbst im Klinikzimmer, wenn die Nachtschwester guten Schlaf gewünscht und das Licht gelöscht hat, liegen die Patienten, im Kopfhörer hörend oder Schlaf suchend – im zuckenden Licht des Fernsehers. Manchmal frage ich mich, indem ich auch meinen eigenen Medienkonsum betrachte: Ist das Gewinn oder Verlust, ein Ruhestand bis zum Rand angefüllt mit Anregung und Unruhe? Ich stelle mir vor, wie wohl das Altenteil aussah, wenn der Bauer schließlich zum Liegen gekommen war, in seiner Altersstube, regelmäßig sein Essen bekam – vielleicht schaute ab und zu ein Enkel herein –, und so lag er Stunde um Stunde um weitere Stunde im stillen Zimmer? War das endlich Ruhe nach einem arbeitsreichen Leben, Erfüllung, Aufatmen? Oder war das Langeweile, Einsamkeit, Verzweiflung? Ist diese Überschwemmung unserer Stunden mit den verschiedensten Medien eine neue Lebensqualität, bis ins hohe Alter die Möglichkeit zu haben, mit der aktuellen Wirklichkeit im Kontakt zu bleiben, zu jeder beliebigen Stunde Musik jeder gewünschten Art hören zu können oder Filme zu sehen, am Telefon von der Enkelin aus Neuseeland begrüßt zu werden? Oder ist es eine Überforderung, daß wir zu ständiger Reizaufnahme gefordert sind, daß wir nicht zur Ruhe kommen, nicht endlich zu uns selber? Ich weiß es nicht. Wahrscheinlich ist es beides.

Ich habe einmal das Foto von einem mittelalterlichen Kloster gesehen; das hat mich nachdenklich gemacht. Die Mönche von einst pflegten dort Kranke, und die lagen damals Bett an Bett in einem großen Krankensaal. Sie lagen auf dem Rücken und schauten also auf die Decke des Saals. Und dort war mit unzähligen Bildern die biblische Geschichte gemalt: Adam und Eva, Kain und Abel und der gute König Salomo, die Geburt Christi im Stall, der Auferstandene im Garten, die ewige Stadt der Offenbarung. Die hatten das also alle Tage vor Augen, erwachten mit diesen Gestalten und sahen sie abends in der Dunkelheit verschwinden, warteten so auf ihre Heilung oder auf ein gnädiges Ende. Waren die vielleicht besser dran als wir?

Gedanken im Gedicht

*Zeit des Alters nutzen heißt: Gegenwart gestalten*

Meine Eltern haben ihre Diamantene Hochzeit gefeiert, 70 Jahre miteinander verheiratet, und hätten auch den 75. Hochzeitstag begangen – die Eiserne

Hochzeit –, wäre meine Mutter nicht kurz davor im August 1991 88jährig gestorben. Immer am 1. September wurde dieser Hochzeitstag gefeiert, wenn der Sommer zu Ende ging und die Blätter begannen, sich herbstlich zu färben. Als sie heirateten, waren sie jung und müssen dann noch sehr lange jung gewirkt haben. Die neue Pfarrfrau wagte es als erste im Dorf, als Frau Hosen zu tragen. Mit dem Motorrad fuhren sie abends nach Gera, um im Theater Brechts Dreigroschenoper zu sehen, und über die Alpen nach Rom und Assisi. Im Fotoalbum finde ich ein Bild meines Vaters mit seinen vier heranwachsenden Söhnen, und meine Mutter hatte dazugeschrieben: »Suchbild: Wer von den 5 ist der Vater?« Daß es auch in ihrer Ehe Krisen gab, haben wir erst viel später von ihnen gehört. Aber da es die Hitlerjahre waren, Krieg und Nachkrieg, außergewöhnliche Herausforderungen an meine Mutter, einen großen Haushalt und zu den Vieren noch einen fünften Sohn durch schwere Zeiten zu bringen, und an meinen Vater, in wissenschaftlichen und politischen Kämpfen sich zu bewähren, traten solche Krisen hinter der jeweiligen Forderung des Tages zurück.

Als sie beide die Sechzig erreicht hatten, wurde ein Haus in der Nachbarschaft frei, und meine Mutter begeisterte sich für den Gedanken, dorthin umzuziehen; denn es war eins der ersten Häuser, die Walter Gropius im Weimarer Bauhaus entworfen hatte. Mein Vater sagte: »Für die paar Jahre, die wir noch vor uns haben, lohnt solch ein Aufwand nicht.« Sie sind dann aber doch dort eingezogen und haben bei weitem in keiner ihrer gemeinsamen Wohnungen so lange zusammen gelebt wie in dieser. Meine Mutter gab der Einrichtung des Hauses ein eigenes Gesicht. Sie wuchsen Stufe für Stufe ins immer höhere Alter hinein und gestalteten ihre Tage auf vielfache Weise. Uns Söhnen aber fiel auf, daß sich die beiden Profile jetzt deutlicher herausbildeten und voneinander abhoben. Zur Gestaltung ihres Alters gehörte es offenbar, daß sie mehr oder weniger bewußt auch ihr ganz persönliches Altersprofil sichtbar werden ließen. Sie gehörten für uns und alle Welt immer mehr zusammen und zeigten doch zugleich immer deutlicher ein eigenes Gesicht, eigene Wünsche, eigene Schwerpunkte ihrer Interessen, eine eigene persönliche Note. Da gab es in der Melodie ihres gemeinsamen Lebens Harmonien und Dissonanzen. Natürlich spielte es auch eine Rolle, daß in den Jahrzehnten, in denen mein Vater berufstätig war, vieles den Anforderungen des Oberkirchenrats- und später des Professorenhaushalts entsprechen mußte. Aber es war mehr. Sie zeigten im Alter uns und auch einander neue Gesichter; die waren uns nicht eigentlich fremd, sondern eher bisher verborgen. Die sehr alten Gesichter der 70- und 80-jährigen waren zwei Generationen weit von denen im Fotoalbum entfernt, und doch waren es unverkennbar unsere Mutter, die an unseren Kinderbetten Geschichten erzählt hatte, und unser Vater, der das abendliche Vater-unser-Lied am Klavier begleitet hatte. Nun also waren sie im biblischen Alter und feierten ihre Diamantene Hochzeit. Dazu gehörten diese Verse.

Jetzt ist es Herbst. Die Wälder werden lichter.
Wir sehen auf den langen Weg zurück.
Was hatten wir beim Aufbruch für Gesichter,
und wie verändert ist nun unser Blick.

Wir sind gemeinsam durch die Zeit gegangen,
und auch ihr Wechsel hat uns nicht getrennt.
doch haben wir zu ahnen angefangen,
wie langsam man den andern wirklich kennt.

Je weiter wir vom Anfang uns entfernen,
je tiefer prägt sich die Erfahrung ein,
einander lieben heißt: einander kennenlernen
und nie im Leben damit fertig sein.

Denn in dem andern liegt ein Sinn verborgen,
ein Einfall Gottes unverwechselbar,
ein ferner Glanz vom ersten Schöpfungsmorgen,
und manchmal ahnen wir, wie groß der war.

Jetzt ist es Herbst. Die Nebel werden dichter.
Wir sehen auf den langen Weg zurück
und sehn uns in die faltigen Gesichter.
Herr, tief in ihnen strahlt uns licht und lichter
dein uns geschenkter ewiger Augenblick.

These

# 6

*Tod*

*Die lebenslange Gewißheit des Todes*
*zeigt im Alter ein neues Gesicht*

Wer das Alter des Menschen bedenkt, muß auch vom Tod sprechen. Denn nichts ist in dieser Welt so sicher wie die Aussicht, daß unser Alter mit dem Tod enden wird. Dies zu wissen, sagen mir die Tierforscher, unterscheidet uns Menschen von allen anderen Geschöpfen, und dieses Wissen kann uns immer wieder die Seele ängstigen. Auch die anderen Lebewesen kennen die Angst und den Fluchtimpuls, wenn Gefahr droht; aber Zeit kennen nur wir Menschen, und nur wir wissen, daß sie für jeden von uns ohne Unterlaß herunterbrennt wie die Kerze beim Gevatter Tod. Ich habe deutlich in Erinnerung, daß mich das schon in meinen Kindertagen zutiefst beunruhigt und zeitweilig geradezu verstört hat. Das geschah regelmäßig am Silvesterabend, wenn der Zauber der Weihnachtstage aller Bemühung zum Trotz langsam, aber unaufhaltsam dem Alltag wich wie Tannenduft und Kerzenhauch der kalten Winterluft, wenn die Fenster geöffnet wurden und die Teppiche wurden abgesaugt. Im Abendgottesdienst des 31. Dezember sangen wir Chorjungen

Wer weiß, wie nahe mir mein Ende.
Hin geht die Zeit. Her naht der Tod

und alle Pfarrer sprachen in ihrer Predigt über die Vergänglichkeit alles Irdischen. Das Entsetzliche war für mich die Unausweichlichkeit, die unerbittliche Zielstrebigkeit dieses Vorgangs. Da kannst du tun oder lassen, was du willst: Darauf geht es zu. Was mich damals immer wieder einigermaßen beruhigte, war die Tatsache, daß dies Ende noch in unabsehbarer Ferne lag. Ich war zwölf Jahre alt und sagte mir: Zwischen dem heutigen Tag und deinem letzten liegt ein ganzes, volles Menschenleben, viele, viele Jahre, Tausende und Abertausende von Tagen. In der Schule wurden wir mit der Biographie berühmter Menschen bekannt gemacht. Da hatte das nennenswerte Leben mit zwölf eigentlich noch gar nicht richtig begonnen. »Nach einer behüteten« oder »nach einer schweren Kindheit«, hieß es da, »begann seine Laufbahn, seine Lehr- oder Studienzeit« mit den ersten bemerkenswerten Fakten. Mit meinen zwölf Jahren stand ich offenbar noch vor den Tagen, mit denen das bemerkenswerte Leben überhaupt erst anfing – wieviel Zeit noch bis zu seinem Ende!

Erst als ich Goethes Faust kennenlernte und später Thomas Manns »Dr. Faustus«, erfuhr ich, daß dies die Argumentation des Teufels ist. Mephisto, ehe er den Pakt mit Faust abschließt, ebenso wie der seltsame Fremde, der Adrian Leverkühn ein Leben glühender Schöpferkraft anbietet, beide schieben den Tag, an dem der Preis gezahlt werden muß, in nahezu unabsehbare Fernen. Sieh auf die Fülle von Zeit und Lebensherrlichkeit, die vor dir liegt, und nicht auf einen Tag weit hinter dem Horizont deines gerade erst eröffneten Weges! Wir aber hören im Volksbuch vom Faust die Schreie, die durchs nächtliche Haus gellen, als die Zeit des Doktor Faust nun doch abgelaufen war, und lesen vom Fall des großen Tonsetzers in die gespenstische Umnachtung einer abgrundtiefen Einsamkeit. Nein, den Gedanken an unseren Tod auf eine ganz imaginäre Ferne zu verschieben ist der Rat eines Verführers, der die Furcht des Menschen nicht mit ihm teilt und berät, sondern der sie in den Selbstbetrug verdrängt. »Lehre uns bedenken, daß wir sterben müssen«, sagt der Psalm, »auf daß wir klug werden!« Das heißt allerdings nicht, daß der Gedanke an das Ende nun das Denken unserer späten Jahre beherrscht und unsere Sterblichkeit den guten Jahren, die uns noch geschenkt werden, Lebensfreude und den Genuß der Tage nimmt. Gewiß, hin und wieder, wenn wir vom Tod eines Altersgenossen hören, horchen wir auf; ein Freund, der die Front des Krieges noch erlebt hat, schreibt mir: »Die Einschläge kommen näher.« Und Carola Stern berichtet in ihren Lebenserinnerungen, daß sie in der Zeitung die Todesanzeigen daraufhin überprüft, wie nahe die dort genannten Geburtsjahrgänge ihrem eigenen sind. Andererseits lesen wir, was die Statistik von deutlich gestiegener Lebenserwartung unserer Generation berichtet; die gibt uns noch Zeit. Mir fällt auf, daß ich heute über das Lebensende ruhiger und ohne die Panik meiner Kindertage nachdenke. Vielleicht hat uns das seit damals gelebte Leben die neue Erfahrung gebracht, daß wir auch mit Unvermeidlichem fertig werden können. Manchmal denke ich mir: Vielleicht sehe ich in der letzten Stunde wunderbare Landschaften oder höre eine überirdisch schöne Musik; da ist wahrscheinlich die Lektüre poetischer Werke mit im Spiel.

Wenn ich mir Gedanken über dieses Thema mache, stelle ich fest: Sterben und Tod werden mir immer rätselhafter. Möglicherweise ist es dem Freigeist und Grübler Wilhelm Busch, als er alt war, ähnlich gegangen, wenn er feststellt, Darwin und Schopenhauer haben die Schlüssel zu manchen Türen, aber keiner von ihnen passe zur Ausgangs-Tür.

Ich denke darüber nach: Könnte ich mir selber wünschen, wie dieser geheimnisvolle Übergang vom Leben zum Tod aussehen und wohin er mich führen solle, ich glaube, ich wüßte keine sichere Antwort. Zuerst fällt mir jetzt ein Kunstmärchen aus dem 19. Jahrhundert ein. »Träumereien an französischen Kaminen«, die Märchen eines deutschen Stabsarztes, wurden bis in meine Kindertage viel gelesen. Als ich sie jetzt wieder hervorholte, war ich enttäuscht über ihre altdeutsche Einfalt. Nur das Märchen »Von Himmel und Hölle« gefällt mir noch heute, weil es einfache Weisheit auf einfachem Weg vermittelt. Kurz und mit meinen Worten berichtet, geht es um folgendes: Petrus öffnet einem reichen und einem armen Mann die Himmelstür, fordert sie in einem riesigen Vorsaal mit unzähligen Türen auf, sich sorgfältig zu überlegen, wie sie die Ewigkeit verbringen wollen. Nach angemessener Zeit kommt er zurück, und der Reiche sprudelt sogleich seine Wünsche heraus: Ein wunderbares riesiges Schloß, ein Raum immer schöner und kunstvoller als der andere, eine ausgesucht feine Speisefolge alle Tage, pünktlich die tägliche Zeitung – man will doch wissen, wie es auf der Erde weitergeht –, den ganzen Keller voll Geld, Scheine und Münzen, in denen man wühlen kann, ein unglaublich bequemer Sessel, in dem man alle Tage essend und Zeitung lesend sitzt. Petrus schließt eine der vielen Türen auf: Der Reiche tritt in sein Wunschschloß ein und macht es sich auf dem Sessel bequem. Nun ist natürlich bald zu berichten, wie er all dieser Herrlichkeit bis zur Verzweiflung überdrüssig ist. Er entdeckt auch erst jetzt, als er aus einem Fenster seiner prunkvollen Gemächer sieht und lauscht, da draußen herrscht rabenschwarze Nacht und Totenstille. Ihm wird auch schnell klar: Sich Geld in die Ewigkeit zu wünschen ist das Dümmste, was man machen kann. Als nach tausend Jahren ein Schlüsselbund klirrt, Petrus hereinkommt und ihn befragt: »Wie gefällt es Ihnen hier?«, schreit der Mann mit verzweifelter Klage, es sei hier nicht auszuhalten. »All die Zimmer mag ich nicht mehr sehen, das Essen wird täglich schlechter. Die Zeitung lese ich längst nicht mehr mit all den Dummheiten, die die Menschen jetzt dort anstellen. Wie lange soll diese Ewigkeit denn noch dauern?« Petrus darauf: »Noch 3200 Jahre, dann fängt sie an.« Und der schreiende Mann: »Wie soll ich das noch länger aushalten? Da sieht man, was an euren versprochenen himmlischen Freuden wirklich ist!« Und nun der entscheidende Satz vom verwunderten Petrus: »Du denkst, du bist im Himmel? In der Hölle bist du. Das Schloß, das du dir gewünscht hast, gehört natürlich zur Hölle. Aber es war doch dein Wunsch.« Und als Petrus ihn verläßt, um erst nach wieder tausend Jahren nach ihm zu sehen, sinkt der Verzweifelte auf seinen Sessel und wimmert nur: »In der Hölle! In der Hölle!«

Es ist wahrscheinlich wirklich gut, sagt die Geschichte, daß nicht wir uns die Ewigkeit so oder so wünschen können.

Neben solch handfester Parabelwelt aber gibt es natürlich auch andere Wunschträume und diskutierte Vorstellungen, die in der Denkgeschichte der Menschheit angeboten werden. Eine Mutter erzählt mir, daß ihre kleine Tochter gesagt hat: »Wenn ich mal tot bin, mach ich, was ich will.« Und ein alter Herr informiert mich: »Wenn ich mal nicht mehr bin, bekommen die Kinder mein Haus.« Beides kann ich mir nicht wirklich vorstellen: Die Verstorbene, die noch dies und das will und macht, aber ebensowenig den alten Mann, der plötzlich aus jeder vorhandenen Wirklichkeit spurlos verschwunden sein soll. Dann ist da die Vorstellung vom Jungbrunnen oder der Altweibermühle: Man steigt hinein, wird wieder frisch und jung, und alles beginnt noch einmal von vorn. Ich frage mich: Wolltest du wirklich noch einmal anfangen, jung geworden, alles noch einmal hinter dich bringen, die Beschwerden des Alters gegen die Ängste deiner Kindheit eintauschen, was du immerhin erreicht hast, gegen das eintauschen, was jetzt aufs neue zu leisten und zu bestehen wäre und diesmal vielleicht scheitern kann? Oft war es mühsam, oft war es schön – aber alles noch einmal? Nein, ich glaube nicht. Oder ein Leben ohne Ende? Ich höre jetzt gelegentlich, die Religion unserer Tage werde immer mehr die Medizin, und die Gen-Forschung könne eines Tages dazu führen, daß die ewige Gesundheit zur realistischen Möglichkeit werde. Wie realistisch oder utopisch immer, für mich ist die Vorstellung von einem endlosen Leben auf dieser Erde ein Angsttraum: Jahrzehnt für Jahrzehnt, Jahrhundert für Jahrhundert hinter sich bringen und vor sich haben ohne Ziel und Abschluß, kein »Requiescat in pace« mehr – er ruhe im Frieden, sondern ziellos und

endlos in einem niemals aufhörenden Unterwegs –
wer wollte sich das ernsthaft wünschen?

Einem Forschungsbericht entnehme ich, daß ein
überraschend hoher Prozentsatz der heutigen Bevölkerung an eine Reinkarnation glaubt, eine Seelen-
wanderung und Wiedergeburt, nach dem Tod aufs
neue zur Welt zu kommen in einer anderen Person.
Die Anthroposophie geht davon aus, daß zwischen
solchen Geburten Jahrhunderte liegen, die meisten
anderen aber rechnen mit einem schnellen Wieder-
dasein. Ob sie die statistischen Werte der heutigen
und der erwarteten Weltbevölkerung kennen und ob
sie sich klarmachen, was sie dementsprechend zu erwarten hätten? Als eins der unzähligen Kinder in den
Hungerländern oder Flüchtlingscamps Schwarzafri-
kas geboren zu werden. Oder unter der unabschba-
ren Milliardenbevölkerung Asiens einen Platz zu bekommen mit rechnerisch äußerst geringer Chance
auf einen Platz unter den Begüterten und Bevorzug-
ten. Oder, was andere Kulturen selbstverständlich
voraussetzen, auch in Gestalt eines Tieres – und dies
dann unter den Bedingungen heutiger Tierhaltung.

Ich sage: All das wird mir immer rätselhafter. Ich
mustere die Überlegungen, die Angst- und die
Wunschträume der Menschheit auf diesem Gebiet
durch und denke: Nirgendwo finde ich darin mich
selber wieder. Allenfalls, was die sogenannte Nah-
tod-Forschung vor allem der USA annimmt, versucht
es, einen Ausblick ins Freie zu bieten. Menschen, die
bereits unmittelbar vor der Schwelle zum Lebensende waren, oft schon klinisch tot, berichten von einem Zustand unvorstellbarer Befreiung, aus dem die

meisten nur widerwilig ins physische, ins irdische Leben zurückgeholt wurden. Aber nicht zufällig wird hier von einer Unvorstellbarkeit gesprochen, und wir gleiten hinüber in den Bereich des ganz und gar Unbekannten und Unsagbaren, das menschliches Sterben immer umgeben wird. Unsere Sprache redet hier mit Recht von einem Jenseits – jenseits jeder menschlichen Forschung und Erfahrung.

Hier ist anzufügen, daß das Märchen von Himmel und Hölle mit dem schluchzenden Mann in seinem höllischen Wunschschloß noch nicht zu Ende ist. Dort kommt Petrus nämlich nach nochmals tausend Jahren wieder und findet den Mann noch immer weinend auf seinem Sessel. Diesmal fordert er ihn auf, mit ihm zu kommen. Sie steigen bis zum Dachboden hinauf und finden in einer entlegenen Ecke einen Dachbalken; aus einem Astloch fällt ein rätselhafter Lichtstrahl. Der reiche Mann muß sich auf die Zehen stellen und kräftig recken; denn das Astloch ist ziemlich hoch. Aber jetzt blickt er bezaubert hinein. »Das ist ein Blick in die Herrlichkeit des Himmels«, sagt Petrus, und der andere blickt nur immer in den Strahl. »Aber wer ist der Mann auf dem kleinen Hocker hier vorn, der mir den Rücken zukehrt?« fragt er noch. »Das ist der Arme, der mit dir gekommen ist. Er hat sich damals nichts gewünscht als einen Schemel zu Füßen der göttlichen Herrlichkeit.« Dann steigt Petrus leise die Treppe hinunter; aber der Reiche bemerkt es gar nicht. Er schaut und schaut und schaut, und als Petrus nach einem weiteren Jahrtausend wieder nach ihm sieht, findet er ihn noch immer gestreckt und doch glücklich schauend und staunend. »Komm nun mit«, sagt Petrus jetzt. »Lang genug hast du deinen Irrtum gebüßt. Du wirst jetzt droben erwartet.« Der Erzähler ist gut beraten, daß er keinen Versuch macht, das vom verzweifelten Mann Geschaute zu beschreiben. Unbeschreiblich ist es und uns Sterblichen ganz verborgen. Und niemand kann sagen, wo hier die ausgedachten Märchen enden und wie dahinter eine jenseitige Realität beginnt.

Diese einfache Geschichte stellt auf ihre Weise die Grenzen der Menschheit vor Augen, der es nicht gegeben ist, sich eine ewige Freude, ein Leben in nie endender Seligkeit auch nur zu denken oder auszumalen. Daß Leid und Geschrei und auch der Tod nicht mehr sind und die Tränen von allen Augen abgewischt werden, davon können wir noch sehnsüchtig und hoffnungsvoll reden; aber was an die Stelle dieser alten Welt in der Ewigkeit und der verheißenen Zukunft treten soll, das übersteigt all unser Denken und Wünschen. »Wenn aber kommen wird das Vollkommene«, sagt Paulus, erst »dann wird das Stückwerk aufhören.«

Was mir zuletzt bleibt, ist eine einfache Liedstrophe, aus Martin Luthers Vater-unser-Lied, in aller Verwirrung menschlicher Ratlosigkeit zu singen:

Von allem Übel uns erlös!
Es sind die Zeit' und Tage bös.
Erlös uns von dem ewigen Tod
und tröst uns in der letzten Not!
Bescher uns auch ein seliges End!
Nimm unsre Seel in deine Händ!

Gedanken im Gedicht

*Die lebenslange Gewißheit des Todes*
*zeigt im Alter ein neues Gesicht*

Wer in jungen Jahren stirbt, hat mit Leben und Tod eine ganz andere Erfahrung als der Altgewordene, der
heute auf das frühe Ende des Freundes zurückblickt.
In Gottes Acker sind wir alle wieder beieinander.

Im Jahr 1949 machten wir im Eisenacher Gymna-
sium Abitur. Ganz langsam begannen die tiefen
Wunden des Krieges zu vernarben, Trümmer wurden noch immer geräumt, Reparationen gezahlt,
Heimkehrer aus der Gefangenschaft gemeldet, Ver-
brechen der Hitlerzeit langsam verarbeitet. Wir waren Schulkinder gewesen, als sie geschahen, und
wußten, wir werden noch Jahrzehnte an ihren Folgen zu schleppen haben. Am Anfang des letzten
Schuljahrs kam noch ein Neuer in unsere Klasse. Das
war ungewöhnlich, und er hatte auch eine unge-
wöhnliche Biographie. Er war fünf Jahre älter als wir;
denn als 17jähriger war er von seiner Schule in
Schlesien verwiesen worden. Seine Mutter war Jüdin,
ihr Mann hatte sich deshalb von ihr scheiden lassen.
Der Halbjude, wie man das im Hitlerreich nannte,
war in der Waffenproduktion und später bei Schanz-
arbeiten eingesetzt. Seine Mutter wurde nach There-
sienstadt verschleppt. Als der Krieg zu Ende war,
machte er sich mit einem Handwagen dorthin auf
den Weg in der vagen Hoffnung, sie lebend dort an-
zutreffen, fand sie tatsächlich schwer körpergeschä-

digt und zog sie in seinem kleinen Wagen in die schlesische Kleinstadt nach Hause. Eine Schwester war während des Krieges in einem Chemielabor tödlich verunglückt, die andere nahm sich unter den Belastungen der nun polnisch gewordenen Stadt das Leben. Mit seiner Mutter wurde er schließlich nach Deutschland ausgewiesen und versuchte nun in Thüringen einen Neuanfang. Dieses Schicksal zog mich in seinen Bann, und ich gab mir Mühe, ihn in unserer Stadt und unserer Klasse heimisch zu machen. Oft saßen wir zusammen oder wanderten durch die Wälder. Er erzählte von seinen inneren Verwundungen und von seinen Hoffnungen im noch fremden Land. Theologie wollte er studieren und danach Medizin. Und da ihn in Schlesien ein nicht unbekannter Kirchenmusiker in die Chorleitung eingeführt hatte, hoffte er, sich auch hier noch weiterzubilden und zu betätigen. Albert Schweitzer war unübersehbar sein großes Vorbild: Theologie, Medizin und Musik – ein großes Programm. Ich habe diese Zeit mit ihm in Erinnerung als voll von Unternehmungslust und Lebensplanung – zwischen Abitur und Studienbeginn wanderten wir mit drei anderen durch das Schwarzatal, schleppten alles Nötige in unseren Rucksäcken mit und schliefen bei den Bauern im Heu, und zu Studienbeginn zogen wir beide in ein gemeinsames Zimmer. Und zugleich habe ich die Zeit in Erinnerung voll von Schatten der Vergangenheit und von Schwermut eines beladenen Jugendalters. Der Tod war ihm zu nahe gewesen, als daß er unbefangen in den Tag hätte hineinleben können, und wir tauschten unsere Gedanken und

Gefühle auch darüber aus. Wir schrieben natürlich auch Gedichte und zeigten sie uns; eins, das davon redete, wie wir aus Erde gemacht sind und wieder zu Staub werden, schrieb er sich ab.

Das Abitur bestand er mit großer Mühe; aber mit dem Studium war er offenbar überfordert. Schön war es, wenn wir unter seiner Leitung in einer kleinen Studentenkurrende mehrstimmig im Gottesdienst sangen; aber das Erlernen der hebräischen Sprache überstieg offensichtlich seine gegenwärtigen Kräfte. Man riet ihm, zunächst einmal mit dem Studium auszusetzen und in einer anthroposophischen Jenaer Gärtnerei zu arbeiten, neue innere und äußere Kräfte zu sammeln. Er ist ins Studium nicht wieder zurückgekehrt, sondern später nach Hessen gegangen als Mitarbeiter in einem Jugendheim. Seine Mutter blieb, weitgehend aufs Bett angewiesen, in Jena, und ich saß manche Stunde an ihrem Lager, und wir dachten liebevoll und sorgenvoll an ihren Sohn.

Als ich eines Abends schon ziemlich spät von einer kleinen Reise zurückkam, wurde ich dringlich zu ihr gerufen. Mein Freund hatte sich das Leben genommen. Er – seine Mutter sagte: »der leidenschaftliche Eisenbahnfreund« – hatte sich auf die Gleise der Bahn gelegt und war vom D-Zug zerrissen worden. Sorgfältig neben die Gleise hatte er noch seine Uhr, seine Senfkorn-Bibel und einen Brief an seine Mutter gelegt. In dem Brief stand, er könne hier nicht mehr bleiben. »Ich muß zu Gott.« Was man der Mutter Tage danach zusenden konnte, war von einem völlig zerrissenen Körper nur eine Urne mit Staub. Und ich dachte an mein Gedicht und an den

Staub, zu dem wir alle werden. Und ich dachte:
Requiescat in pace, mein Freund, mein vom Leben
überforderter Bruder.

Keiner weiß, woher wir einst gekommen
und wohin der letzte Weg der andern ging.
Achtet, Brüder, nicht den Staub gering,
weil wir allzumal vom Staub genommen.

Und so lange unsre Tage währen,
spüren wir, wie uns die Erde trägt,
bis wir inne werden, unsre Stunde schlägt,
und zurück zu Gottes Acker kehren.

Jahr um Jahr wird man im Staube graben,
wird man Pflüge durch die Erde ziehn,
Korn wird wachsen, Blumen werden blühn,
Saat und Ernte wird kein Ende haben,

wechseln Zeit der Arbeit und des Lohnes,
schwinden Gegenwart auf Gegenwart,
unterdes die dunkle Erde harrt
auf die Wiederkunft des Menschensohnes.

Wenn Elia in zertretenen Schuhen
wieder aufbricht, weil der Ruf erging,
achte, Vater, nicht den Staub gering,
weil da drunten deine Kinder ruhen.

Dich o Gott, der aus der dunklen Erde
täglich Korn und Brot und Menschen macht,
bitten wir, daß aus der letzten Nacht
das Licht der neuen Schöpfung werde.

These

# 7

*Evangelium*

*Der Trost des Evangeliums
kehrt im Alter zu seinen Ursprüngen zurück*

»Und tröst uns in der letzten Not!« singen wir, wie schon Martin Luther gesungen hat. Und ich weiß, wenn es nicht heute meine Bitte ist, der Tag wird kommen, an dem sie es sein wird.

Unsere Medien heute sind ja voll von Tod und Sterben. Aber dort ist es immer der Tod anderer, die sterben. Im Krimi findet sich dieser andere im Keller oder im Gebüsch, und der Kommissar begibt sich auf seine Spur. Auf der Bühne stirbt dieser andere singend oder klagend oder auch ganz stumm vor unseren Augen. Im Computerspiel ist er sogar ein Opfer des erfolgreichen Spielers. Dort steht die Frage kaum, wer solches Sterben tröstet. Wenn es jedoch langsam, aber unabwendbar auf uns selber zukommt, wer tröst' uns in der letzten Not? Und wer schon heute? Aus vergangenen Zeiten ist uns ein schönes Bild überliefert: das Bild vom freundlichen Tod, der unsere Kinder nicht erschreckt und der uns Alte nicht ängstigt. Bei Matthias Claudius erscheint dem geängsteten Mädchen der drohende Tod als wilder Knochenmann; aber dieser Tod besänftigt sie mit geradezu mütterlicher Gute-Nacht-Stimme:

Ich bin nicht wild.
Sollst sanft in meinen Armen schlafen.

Ein schönes Trost- und Schlaflied zumal mit Franz Schuberts Tönen im Lied und im Streichquartett. Der Tod als Schlaf.

Jetzt erinnere ich mich an einen Vater, der seine kleine Tochter mit dem Tod der Mutter vertraut machen mußte und ihr sagte, im Schlaf-Land könne sie die sehr Geliebte und sehr Vermißte treffen. Und am Morgen berichtet ihm das Mädchen, daß sie sich tatsächlich im Schlafland getroffen haben, was die Kleine der Mutter erzählt habe und wie die Mutter geantwortet hat. Und ich erinnere mich daran, wie unsere Schwägerin uns anrief mit der Todesnachricht: »Die Großmutter ist heute nacht eingeschlafen.« Sterben als Schlaf und Tod als Traum. In der Welt der kleinen Kinder und des sehr späten Alters liegt beides offenbar nahe beieinander.

In so freundlich poetischer Gestalt kann früheren Zeiten der grausige, der bittere Tod zum willkommenen, zum süßen Tod werden.

»Komm, süßer Tod«, singt der Choral in Schemellis Gesangbuch im schönen Bach-Satz,

»komm, selge Ruh!

Ich will nun Jesum sehen

und bei den Engeln stehen.«

Die Barockzeit in ihrer Spannung zwischen strahlender Weltbejahung und stiller Todessehnsucht wagt eine solche Aufforderung und Einladung an den Tod, den bitteren Tod, den süßen Tod. Dies Bild von einem, der endlich bei den Engeln steht, hat für mich etwas rührend Kindliches, und zugleich sehe ich einen sehr alt und müde gewordenen Menschen – »Welt ade, ich bin dein müde. Ich will nach dem Himmel zu« –, bei dem die Grenze fließend wird, ob er schlafen will oder sterben: »Komm, o Tod, du Schlafes Bruder!« Komm, o Schlaf, du Todes Bruder! Hier hat sich einer in den Schlaf gewiegt oder geweint oder treiben lassen, steht nun bei Jesus unter lauter still tröstenden Gestalten in der seligen Ruh des zeitlichen oder des ewigen Schlafes.

Als Theologe weiß ich natürlich, das Neue Testament spricht eine andere Sprache, wenn es über den Trost des Evangeliums angesichts des Todes redet, dem alle Welt verfallen ist. Allenfalls wenn Jesus der kleinen Tochter des Jairus das Leben neu schenkt – »Talita kumi, Mädchen, steh auf!« –, begegnet uns noch diese fließende Grenze zwischen Schlaf und Tod: »Das Kind ist nicht tot«, sagt Jesus, »es schläft.«

Aber bei Paulus wird nicht geschlafen und nicht geträumt, sondern verkündigt und argumentiert: »Der Stachel des Todes ist die Sünde.« Aber »der Tod ist verschlungen in den Sieg.« »Tod, wo ist dein Stachel? Hölle, wo ist dein Sieg?« Das ist eine kräftige, eine siegesgewisse Sprache. Unsere Vorfahren besaßen freilich noch die Fähigkeit, solche biblischen Bilder als konkrete Wirklichkeit zu nehmen, und so waren sie neben der alltäglichen Wirklichkeit in einer anderen, einer neuen Welt zu Hause. Martin Luther erläutert solche Vorstellungen von tödlichen Stacheln und errungenen Siegen durch noch drastischere Bilder:

Die Schrift hat verkündigt das,
wie ein Tod den andern fraß.
Ein Spott aus dem Tod ist worden.

Unsere moderne Welt hat dagegen solche Aussagen weitgehend in eine Gedankenwelt umgewandelt, und die erweist sich im Ernstfall als eher blaß, wenn es bei uns selber um Leben und Tod geht. Die kräftige, siegesgewisse Sprache der ersten Zeugen in die eigene Sprache jeder Gegenwart zu übersetzen, ist eine Aufgabe, die sich uns wie jeder kommenden Generation neu stellt.

Dabei kommt für mich persönlich noch ein anderes Hindernis hinzu. Als ein grau gewordener Pastor und Lehrer der Heiligen Schrift stoße ich jetzt auf eine Lücke in meinem Leben, an die ich in früheren Jahr nie gedacht habe. Andere Pfarrer, aber auch Kantoren oder Religionslehrer bestätigen mir jetzt oft, daß es ihnen ähnlich geht. Wir alle haben uns ein Leben lang mit den Texten der Bibel intensiv und sorgfältig beschäftigt; denn es war ja unser Beruf – ein wunderbarer Beruf –, diese frohe Botschaft und gute Nachricht nach Kräften auszubreiten, weiterzugeben, zu erläutern, möglichst vielen nahezubringen. Aber jetzt frage ich mich: Wann habe ich diese Texte jemals ganz für mich selber gelesen? Immer wenn ich solch einem Text begegnet bin, habe ich unwillkürlich mir auch Gedanken gemacht: Wie kannst du das dort Gesagte in einer Predigt weitersagen, im Unterricht erläutern, im Seelsorgegespräch hilfreich zur Sprache bringen, am Grab den Trauernden verkünden?

Entscheidendes aber kommt zu kurz, wenn wir überwiegend lauter andere im Blick haben, viel zu selten aber uns selbst. Was ich mit aller Sorgfalt für andere formuliere, muß damit noch nicht mich selber treffen und anreden. Aber genau darauf kommt es beim Trost des Evangeliums an. Jetzt auf meine alten Tage kehrt sich dies Verhältnis um. Die Fragen der Eschatologie und die Lehre von den letzten Dingen, die mahnende oder tröstliche Anrede an Sterbebetten oder Gräbern anderer – all das tritt jetzt in den Hintergrund, und immer dringlicher wird die Frage des eigenen Herzens: Was ermutigt dich heute wirklich, wenn dir bange wird, und was wird dich in der letzten Not wirklich trösten?

Auch die Pfarrerin oder der Pfarrer, die immer orientieren und austeilen sollen, sind oft selber ratlos und leer. Vom Pfarrer wird erwartet, daß sein Glaube besonders lebendig ist und seine Hoffnung besonders ansteckend, dabei hat er den anderen Gemeindegliedern oft nur seine theologische Ausbildung voraus, und theologisches und philosophisches Einzelwissen macht für manchen die letzten Fragen nur problematischer. Ich will als Christ in unserem Jahrhundert und als Pastor meiner Kirche sicher auf die Erkenntnisse menschlichen Forschergeistes und kritischer Befragung unserer Wirklichkeit nicht verzichten, und hinter die Fragen der Aufklärung des 18. Jahrhunderts können wir nicht mehr zurück. Gleichzeitig aber frage ich mich, ob diese Aufklärung unser Leben wirklich klarer und heller gemacht hat. Und je älter ich werde, desto stärker wird meine Sehnsucht nach noch einer anderen Klarheit, der Klarheit des Herrn, von der die heilige Geschichte berichtet, sie habe die Hirten in Bethlehem umleuchtet und mit ihnen die Engel Gottes und ihren großen Lobgesang seines Friedens. Ich träume von einer Aufklärung, die jene Finsternis aufklärt, die nach den Worten des Propheten das Erdreich bedeckt und in der das Volk durch die Jahrhunderte wandelt.

Ich weiß natürlich, daß dies auch ein Rückblick und ein Rückgriff in meine Kindheit ist und daß darin in meiner Tiefe eine Erinnerung enthalten ist an Lichter und Lieder von damals. Und ich kenne die Geschichte vom empörten Predigthörer, der nach dem Gottesdienst in die Sakristei stürmt und dem Pfarrer vorwirft: »Heute haben Sie meinen Kinderglauben zerstört!« Auch ich denke, der Pfarrer hat ihm zu Recht geantwortet: »Wie alt sind Sie? 42? Da wurde es aber höchste Zeit.« Zugleich aber frage ich mich, ob ich heute als abgeklärter Erwachsener der Wahrheit wirklich näher bin, als wir es als Kinder waren. Niemand kann in seine Kindheit zurückkehren, in ihr Wissen und in ihr Denken; das erwartet Jesus auch nicht von seinen Jüngern. Und doch fordert er sie auf, das Reich Gottes zu empfangen wie ein Kind, wie einst als Kind. Der Philosoph Ernst Bloch schließt sein großes Werk über »das Prinzip Hoffnung« mit einer Formulierung, in der ich auch ein Stück meiner Wirklichkeit wiedererkenne: Von einer Wirklichkeit spricht er, die vor uns liegt, »die allen in die Kindheit scheint und in der noch niemand war: Heimat.«

Andere Menschen haben auf einem anderen Weg in die Gemeinde und zu ihrem wie immer geprägten Glauben gefunden. Von mir weiß ich, daß die Wurzeln dessen, was mich auch als alten Menschen tragen und trösten kann, in meiner Kindheit liegen, in der Zeit meiner Erstbegegnung mit dem Evangelium, mit Geschichten von Gott und seinem Volk, mit schönen und geheimnisvollen Worten Jesu, mit einem Hauch von ihrem wirksamen Geist.

Und ich mache jetzt die Erfahrung, daß im Alter eines Menschen der Trost des Evangeliums zu seinen

Ursprüngen zurückkehrt und, wenn es gut geht, von solchen urfrühen Erfahrungen ferne Signale sendet.

Als ich vor einiger Zeit gebeten wurde, für eine Rundfunk-Serie einen »Brief an meine Enkel« beizusteuern, fiel es mir nicht schwer, neben mancher anderen Lebenserfahrung meinen Enkeln von meinem Gottesbild zu berichten. Wie einen guten Vater oder wie eine gute Mutter sollten sie sich ihn vorstellen. Auch die sind manchmal für uns nicht verständlich und auch unbequem, wenn sie uns einmal auf die Schliche kommen. »Aber trotz all dem können wir uns unser Leben gar nicht denken ohne sie. Und solange sie für uns da sind und für uns sorgen, uns am Morgen wecken und am Abend gute Nacht sagen und uns in den Arm nehmen, wenn wir traurig sind oder Angst haben, so lange sind wir zu Hause und denken: alles wird schon gut. So ähnlich, sagt die Bibel, müßt ihr euch Gott vorstellen. Natürlich ist er auch noch anders, weil er ja schon vor allen Menschen da war und weil er alles zu seinem guten Ziel führt; vieles an ihm bleibt eben ein großes Geheimnis. Aber ich weiß: Er tut alles, was er macht, als einer, der seine Menschen lieb hat, wie eben Vater und Mutter ihre Kinder lieb haben. Und das ist eigentlich das Wichtigste.«

Gewiß sind damit die dunklen Tage und Stunden aus unserem Leben nicht verschwunden. Im Gegenteil: Der Weg auf das Ende zu bleibt ein Weg in die Nacht des Todes, von der die Psalmen und die abendlichen Stundengebete sprechen. Aber ich erlebe auch, daß dies nicht ein Weg bergab ist, sondern ein Weg nach innen, daß gerade in diese Tage des

Alters immer wieder etwas herüberklingt wie aus scheinbar verlorener Ferne und mich tief anrührt: im Klang einer Musik, im Ton eines geheimnisvollen, guten Wortes, in der Tiefe eines Bildes. Und ich versuche dann, dem nachzulauschen und einen Hauch von jener Heimat zu spüren, in der noch niemand war und die allen in die Kindheit scheint, in meine geängstete und geborgene Kindheit. Johannes Brahms war noch lange bewegt durch den Tod seiner Mutter, und sein »Deutsches Reqiem«, dessen Texte er selber aus der Bibel zusammenstellte, zeugt davon. Jedesmal, wenn dort der Chor singt: »Ich will euch trösten, wie einen seine Mutter tröstet«, höre ich, wie hier einer von seiner Hamburger Mutter spricht und zugleich auch von meiner Mutter in meinem Elternhaus am Abend, zuletzt aber doch ganz und gar von Gottes tragender und tröstender Mütterlichkeit. Und ich höre die Stimme vom Jesus meiner Kindheit, wie er zu seinen Jüngern spricht, umgeben aber auch von Stimmen derer, die ich in dieser Welt nicht mehr finde und die ich schmerzlich vermisse, wenn eine wunderbar hoch schwebende Stimme singt: »Ihr habt nun Traurigkeit. Aber ich will euch wiedersehen, und euer Herz soll sich freuen« – Klänge wie im Schlaf und im Traum und doch zugleich in ungeheuer starker Gegenwärtigkeit.

So rücken frühe Kindheit und hohes Alter immer neu zueinander; denn darin gleichen sie sich, daß der Horizont ihres Lebens enger begrenzt ist; damit ist aber auch ihr Handlungsraum der Mitte allen Daseins näher als anderen Lebensaltern: in der Kindheit zunehmend geöffnet auf eine weite Welt, im Alter angefüllt mit dem Reichtum und der Armut eines gelebten Menschenlebens.

Manchmal denke ich auch – und die Erfahrungen von Menschen, die diesem dunklen Tor schon viel näher waren, bestätigen das –, das Ende, auf das wir unterwegs sind, ist in Wirklichkeit nicht ein Ende, sondern ein Ziel, ja, es ist wie eine neue, eine ganz anders geartete Geburt. Die letzte Not nicht Beklemmung, sondern Befreiung – letzte Chance des Alters. Es wird erzählt: Als August Bebel gestorben war, habe sein Freund und Diskussionspartner, der fromme Pfarrer Christoph Blumhardt gesagt: »Jetzt wird er staunen, der August.« – Ich habe die Hoffnung, auch wir werden staunen; denn »es wird vielleicht auch noch die Todesstunde uns neuen Räumen jung entgegensenden ...« Dann werde ich, so verheißt der uralte Psalm, »bleibe im Haus des Herrn immerdar«. Und vielleicht wird das Erstaunlichste sein, daß ich, wenn ich in seine Tür trete, plötzlich weiß: Hier bist du früher schon gewesen – willkommen daheim!


Gedanken im Gedicht

*Der Trost des Evangeliums
kehrt im Alter zu seinen Ursprüngen zurück*


Als mein Vater 1995 starb, war er 93 Jahre alt. Geboren war er als Sohn eines Thüringer Dorfpfarrers an einem Ostermontag. Seine Mutter erzählte ihm später, daß die Glocken zum Festgottesdienst geläutet haben, als er das Licht der Welt erblickte. Das Evangelium, das dann in diesem Gottesdienst verlesen wurde, wie es Jahr für Jahr in unseren Kirchen an jedem Ostermontag verlesen wird, war der Bericht des Lukas von zwei Jüngern Jesu, die auf dem Weg nach Emmaus sind und mit denen der auferstandene Christus unerkannt mitwandert; erst beim Abendessen, als er ihnen das Brot bricht, wie er es zu seinen Lebzeiten immer tat, erkennen sie ihn. Diese Geschichte von den wandernden Jüngern und dem mitwandernden Herrn war ihm sein Leben lang besonders wichtig; denn auch wir und unsere Kirche sind ja unterwegs durch die Zeit als seine wandernden Jünger. Der Weg, den er durch das ganze 20. Jahrhundert gegangen ist, war vielgestaltig, war gefährlich, war gesegnet. Aufgewachsen in einem konservativen Elternhaus, lernte er als Werkstudent im Ruhrgebiet unter Tage die Menschen kennen, die im Keller der Gesellschaft überzeugt waren, die Kirche habe sie längst vergessen. Seitdem kämpfte er in der SPD – und das war für einen Pfarrer in den 20er Jahren noch ganz ungewöhnlich – für die Armen, für ihr Brot und unser aller Gerechtigkeit. In der Hitlerzeit ahnten wir, seine fünf Söhne, nichts davon, daß er mit meiner Mutter in der Nacht jüdische Kinder von einem Versteck in ein anderes brachte, und nur meinem ältesten Bruder hat er schon damals gesagt, warum er seine Söhne bereits als 13jährige konfirmierte: er rechnete jeden Tag mit einer Verhaftung durch die Gestapo und wollte, daß seine Jungen ihn in Erinnerung behalten als den, der sie in die Gemeinde eingeführt hat. Als Theologieprofessor in Jena in der DDR-Zeit setzte er deutliche Schwerpunkte. So kompetent er auf verschiedenen Gebieten der Kirchengeschichte und der Praktischen Theologie war – das Leben und die Gemeinschaft der Kirche Christi waren ihm immer wichtiger als alle Gelehrsamkeit. Belehrt durch seine Erfahrungen in wechselnden und sehr bewegten Zeiten, konzentrierten sich seine Bemühungen zunehmend auf zwei Bereiche: Wie Menschen täglich mit biblischen Texten umgehen und so ihrem Leben Weitblick und Tiefe geben können und wie der Gottesdienst an allen Sonn- und Feiertagen schriftgemäß und lebensnah gestaltet werden kann. Schon als wir seine Konfirmanden waren, machte er uns mit den biblischen Texten für unser ganzes Leben bekannt, indem er uns anschaulich vom wandernden Gottesvolk und vom wandernden Jesus mit seinen Jüngern erzählte und uns den Psalm vom guten Hirten und das Hohelied der Liebe einprägte. Später gab er ein Evangelisches Brevier heraus, das vor allem biblische Texte enthielt, die in wiederkehrender Ordnung jeden Tag prägen und so bis in die tiefen Schichten unseres Inneren wirksam werden. Ungezählte Menschen in ganz Deutschland haben mit dieser lebendigen Ordnung gelebt und tun es noch heute. Der Gottesdienst aber, in seinen Grundelementen in der frühen Kirche entstanden und durch die Jahrtausende als Wort und Sakrament lebendig, war Sonntag für Sonntag Höhepunkt und Maß der Zeit für ihn. Und so wichtig ihm, dem lebenslangen Prediger, die Predigt war, das Herrenmahl als erlebte Gemeinschaft seiner Jünger mit dem gegenwärtigen und zukünftigen Herrn durfte in diesem Gottesdienst nicht fehlen.

Bis ins hohe Alter hat mein Vater Studentinnen und Studenten, aber auch viele Menschen aus verschiedenen Berufen in die textgebundene Meditation und das Breviergebet eingeführt, und als sein Ende nahe kam, waren diese Texte und waren die gottesdienstlichen Gesänge der ganzen weltweiten Christenheit, waren das Kyrie, das Gloria und das Sanctus tief in ihn eingesenkt. Wenn ich ihn besuchte, haben wir die Psalmen, die Begleiter seines langen Lebens, gebetet und miteinander »Christ ist erstanden« gesungen, und manchmal fielen mir dabei die Glocken ein, die an jenem Ostertag von 1902 geläutet hatten. Als er 75 Jahre später einen hohen Geburtstag feierte, habe ich meinen Vater in einem Gedicht an all das erinnert und an unseren Weg durch die wechselnden Zeiten, an unseren Weg nach Emmaus.

Wir wußten es nicht: Es war der Ostertag.
Wir waren unterwegs bei schrägem Sonnenlicht,
da uns der Tempelberg schon längst im Rücken lag
und noch von Emmaus kein Dach in Sicht.

Sahn das Land an uns vorübergleiten,
während wir hindurchgewandert sind:
Menschen, viele Orte, Jahreszeiten,
Vogelflug in unerreichten Weiten,
hin und wieder schon der Abendwind.

Neben unsern Schritten – seine Schritte,
da er sich plötzlich zu uns gesellt.

Im finstern Tal ging er in unsrer Mitte.
In unserm Zwiegespräch war er der Dritte,
und er erklärte durch sein Wort die Welt.

Er zog mit uns in wechselnden Gestalten,
uns sehr vertraut, uns völlig unbekannt.
Zuweilen konnten wir sein Bild behalten.
Im Neugewordnen sahen wir den Alten.
Und seltsam hat in uns das Herz gebrannt.

Nun, da der Tag sich neigt und wir die Tür aufklinken,
brennt schon die Lampe, ist der Tisch gedeckt.
Und Brot zu essen, Wein ist da zu trinken.
Es ist wie Aufgang mitten im Versinken,
und nun am Abend werden wir geweckt.

Der dort am Tische sitzt und uns das Brot gebrochen
und der mit uns im Wechselwort gesprochen,
der Herr, mit dem wir redeten und handelten,
der dort am Tische sitzt und uns den Kelch gesegnet
und der so vielgestaltig uns begegnet,
er blieb sich immer gleich. Doch wir sind
            die Verwandelten.

Noch am Abend brechen wir auf.

Kurt Marti: DU. Rühmungen
Kurt Marti: Fromme Geschichten
Kurt Marti: geduld und revolte. die gedichte am rand
Kurt Marti: Die gesellige Gottheit. Ein Diskurs
Kurt Marti: gott gerneklein. gedichte
Kurt Marti: Gott im Diesseits. Versuche zu verstehen
Kurt Marti: Prediger Salomo. Weisheit inmitten der Globalisierung
Kurt Marti: Die Psalmen. Annäherungen
Kurt Marti: Schöpfungsglaube. Die Ökologie Gottes
Kurt Marti: Ungrund Liebe. Wünsche - Klagen - Lieder
Gerhard Marcel Martin: Das Thomas-Evangelium
Gerhard Marcel Martin: Was es heißt: Theologie treiben
Elisabeth Moltmann-Wendel: Gib die Dinge der Jugend mit Grazie auf
Eberhard Müller: Architektur der Gerechtigkeit. Ein Wirtschaftskonzept
Gottfried Orth: Wie im Himmel, so auf Erden
    Das Vaterunser heute beten und verstehen
Ingeborg Ronecker: JerusalemJahre. Von Intifada zu Intifada
Ingeborg und Karl-Heinz Ronecker: Liebenswertes Jerusalem
    Erfahrungen jenseits von Haß und Gewalt
Martin Scharpe (Hg): Heilige Nacht. Heiliger Tag
    Die 100 schönsten Weihnachtsgedichte und -geschichten
Martin Scharpe (Hg): Erdichtet und erzählt I und II
    Das Alte / Das Neue Testament in der Literatur
Martin Scharpe (Hg): Das Nashorn geht spazieren. Lyrische Tierkunde
Wieland Schmied: Bilder zur Bibel
    Maler aus sieben Jahrhunderten erzählen das Leben Jesu
Wieland Schmied: Von der Schöpfung zur Apokalypse
    Bilder zum Alten Testament und zur Offenbarung
Friedrich Schorlemmer: Den Frieden riskieren
    Sätze und Grundsätze, Pamphlete und Predigten
Friedrich Schorlemmer: Die Weite des Denkens und die Nähe zu den
    Verlorenen. Einlassungen auf Texte des Evangelisten Lukas
Rudolf Smend: Wohltuendes Durcheinander. Biblische Predigten
Fulbert Steffensky: Mut zur Endlichkeit
    Sterben in einer Gesellschaft der Sieger
Fulbert Steffensky: Schöne Aussichten. Einlassungen auf biblische Texte
Fulbert Steffensky: Schwarzbrot-Spiritualität
Holger Tiedemann: Paulus und das Begehren. Liebe, Lust und letzte Ziele
Iwan S. Turgenjew: Mumu. Erzählung
Hanna Wolff: Jesus als Psychotherapeut
Hanna Wolff: Jesus der Mann
Eva Zeller: Das unverschämte Glück. Neue Gedichte

    Radius-Verlag · Alexanderstraße 162 · 70180 Stuttgart
    Fon 0711.607 66 66   Fax 0711.607 55 55
    www.Radius-Verlag.de   e-Mail: info@radius-verlag.de